Reisevorschläge
zu interessanten Stätten aus der
Welt der Literatur

Für Wochenende, Kurzurlaub
und Ferien

Mit kulturellem
Veranstaltungsverzeichnis von
März 1994 bis März 1995

Impressum

Herausgeber: Deutsche Literaturlandschaften
Verlag Ruth Koch
Koppelstraße 5, 48527 Nordhorn
Tel. 0 59 21 / 3 96 24, Fax 3 91 55

ISBN 3-926304-07-3

Texte: Kultur- und Verkehrsämter etc. und
Deutsche Literaturlandschaften,
Verlag Ruth Koch, Nordhorn

Fotos: Kultur- und Verkehrsämter etc. und
Deutsche Literaturlandschaften,
Verlag Ruth Koch, Nordhorn

Foto Titelseite: Berlin »Schloß Pfaueninsel«
Foto: Jean Schnieders

Innenumschlag: Foto: Stiftung Kloster Frenswegen
Text: Karl Koch

Titelgestaltung: Bartsch und Frauenheim GmbH,
Nordhorn

Textberatung: Literaturlandschaften e.V., Nordhorn

Satz: GRAVIA Grafische Werkstätten
Maria-Theresia Rolka
Güstener Straße 18, 52445 Titz-Ameln
Tel. 0 24 63 / 67 74, Fax 67 77

Printed in Germany

»ICH WÜNSCHTE, DASS SIE DIESE GEGEND SELBER SÄHEN...«

(J. P. Hebel, 1801)

Mit über einhundert Reisezielen aus der Welt der Literatur schließt sich die nunmehr dritte Ausgabe der Deutschen Literaturlandschaften mit Vergnügen Johann Peter Hebels Empfehlung, ursprünglich auf den Schwarzwald bezogen, an. In wenigen Jahren ist es gelungen, den kleinen Band zu einer wichtigen Säule des nach wie vor expandierenden Kulturtourismus zu machen. Stets steigende Nachfragen aus dem In- und Ausland beweisen uns, wie groß das Interesse an thematisch orientierten Reisezielen ist. Dabei stehen wir ohne Zweifel erst am Anfang einer Entwicklung, die den Reisemarkt in den nächsten Jahrzehnten auf angenehme Weise beeinflussen wird.

Daß Inlandsurlaub nach Untersuchungen einschlägiger Fachinstitute sowohl als großes Jahresprogramm, aber noch häufiger als Urlaub zwischendurch, außergewöhnliche Zuwachsraten verbucht, beweist nur den Trend. Die Beschäftigung mit den kulturellen Schätzen einzelner Regionen und Orte, besonders, wenn sie literarisch dokumentiert und somit über die eigene Region hinaus bekannt sind, gehört noch immer zu den Genüssen des Reisenden, der etwas mehr sucht als die üblichen, selbstverständlich unverzichtbaren und wünschenswerten, Freizeitangebote.

Wieder führt die Ausgabe auf den Spuren von Dichtern und Werken von der Nordsee zu den Alpen, vom Oderbruch bis zur Mosellandschaft. Neben dem Terminkalender mit kulturell orientierten Veranstaltungen finden Sie zum erstenmal Vorschläge für Wanderungen auf Wegen, die als sogenannte »literarische Wanderwege« den Spuren von Dichtern und Werken folgen: vom Arno-Schmidt-Pfad in Bomlitz bis hin zum großen Friedrich-Rückert-Wanderweg von Schweinfurt bis Coburg.

VON ALLSTEDT
BIS WYK AUF FÖHR

ORTE UND LANDKREISE (ANZEIGEN) ·

Inhaltsverzeichnis

Orte und Landkreise

Literarische Wanderwege in Deutschland

STEFAN-ANDRES-WANDERWEG

Wanderweg auf den Spuren des Dichters Stefan Andres und der literarischen Schauplätze seines Werkes an der Mosel von Schweich bis Leiwen/Zummet.

Gesamtlänge: ca. 20km (Tagestour)

Wegbeschreibung: H. Pies und H. Erschens; Der Stefan-Andres-Wanderweg — Ein literarischer Begleiter. Herausgeber und Vertrieb: Stefan-Andres-Gesellschaft e.V., Niederprümer Hof, 54338 Schweich, DM 8,50

Touristische Informationen: Tourist-Information »Römische Weinstraße«, Brückenstr. 26, 54338 Schweich, Tel.: 0 65 02/40 71 17

BRÜDER-GRIMM-WEG

Wanderung auf den Fußspuren der Brüder Grimm von Bökendorf (Schloß Bökerhof) über die Hinnenburg bis Brakel.

Gesamtlänge: 5,3km

Wegbeschreibung: Prospekt der Tourist Information Brakel

Touristische Information: Tourist Information — Fremdenverkehrs- und Kulturamt der Stadt Brakel/Westf., Am Markt 5, 33034 Brakel, Tel.: 0 52 72/60 92 69

GOETHE-WEG ILMENAU

Wanderweg von Ilmenau bis Stützerbach auf den Spuren Johann Wolfgang von Goethes. Unter anderem Besuch des Kickelhahn, wo im September 1780 das »Über allen Gipfeln ist Ruh...« entstand.

Gesamtlänge: 18km (Tagestour)

Wegbeschreibung: Prospekt der Ilmenau-Information, Angebot geführte Gruppenwanderungen und Dia-Vorträge.

Touristische Information: Ilmenau-Information, Lindenstr. 12, 98693 Ilmenau, Tel.: 0 36 77/23 58 und 6 21 32, Fax 25 02

ULRICH-VON-HUTTEN-PFAD

Wanderung von Schlüchtern-Vollmerz bis Bad Brückenau über Schloß Ramholz und Burgruine Steckelberg (Geburtsstätte Ulrich von Huttens).

Gesamtlänge: 24km (Tagestour)

Wegbeschreibung: Informationsblatt Verkehrsbüro Schlüchtern.

Touristische Information: Verkehrsbüro im Rathaus, Unter den Linden 1, 36381 Schlüchtern, Tel.: 0 66 61/85 17

FRIEDRICH-RÜCKERT-WANDERWEG

Wanderweg auf den Spuren des Dichters und Gelehrten von Schweinfurt, der Geburtsstadt, durch die Mittelgebirgslandschaft der Haßberge bis nach Coburg.

Gesamtlänge: 105km (mehrere Tagesetappen)

Wegbeschreibung: Broschüre »Woher ich kam, wohin ich gehe...« — Friedrich Rückert Wanderweg Schweinfurt, Haßberge, Coburg. Schutzgebühr DM 1,—

Touristische Information: Schweinfurt-Information, Brückenstr. 14, 97421 Schweinfurt, Tel.: 0 97 21/5 14 98

ARNO-SCHMIDT-PFAD

Wanderung vom Mühlenhof in Cordingen — Wohnsitz Arno Schmidts von 1945-1950 — durch die von Schmidt geschilderte Landschaft der ehemaligen Eibis aus dem Roman »Aus dem Leben eines Fauns«. Ausgewiesener Wanderweg mit Beschreibung des heutigen Naherholungsgebietes; entlang der Warnau.

Gesamtlänge: 1,5km

Touristische Information: Gemeinde Bomlitz, Schulstr. 4, 29699 Bomlitz, Tel.: 0 51 61/4 89 30

Allstedt

ORT VON MÜNTZERS »FÜRSTENPREDIGT«

Burg Allstedt, Kernburg

Zu Beginn des 16. Jahrhunderts rückte Allstedt durch das Wirken Thomas Müntzers für eine Weile in den Mittelpunkt deutscher Geschichte. Müntzer, zunächst Luthers Mitstreiter in der Sache der Reformation, nach dem Zerwürfnis mit dem Wittenberger aber einer seiner schärfsten Kritiker, zog durch seine (schon vor Luther in deutscher Sprache gehaltenen) Predigten tausende von Anhängern nach Allstedt. 1523 hatte Müntzer hier die Predigerstelle erhalten. Seine aufrührerischen Predigten und die Reform des Gottesdienstes brachten vor allem den Grafen von Mansfeld gegen ihn auf, der seinen Knappen schließlich die Teilnahme an Müntzers Predigten verbot.

Höhepunkt seines Wirkens war die berühmte »Fürstenpredigt« vom 13. Juli 1524, in der Müntzer dem auf dem Schloß Allstedt versammelten sächsischen Adel ohne jede Rücksichtnahme seine theologischen und politischen Ansichten entgegenhielt und sich nicht scheute, die Mißstände der Adelswirtschaft beim Namen zu nennen. Nach einem Verhör in Weimar, infolge seiner Predigt, zog Müntzer es vor, Allstedt noch im August 1524 zu verlassen.

Heute erinnern das Burg- und Schloßmuseum mit Ausstellungen zum Wirken Müntzers (übrigens auch Goethes!) an die geschichtsträchtige Zeit des Ortes. Auch die Schloßkapelle als Ort der Fürstenpredigt kann besichtigt werden. Ebenso steht die Stadtkirche St. Johannis, Wirkungsstätte Müntzers von 1523-24, dem Besucher offen. Im Ratskeller des spätgotischen Rathauses erfolgte 1524 die Eintragung der Müntzeranhänger ins sogenannte »Christliche Verbündnis«. Ob der Turm der St. Wigbertikirche Wohnstätte Müntzers und seiner Familie gewesen ist, gilt heute als umstritten.

Müntzers theologische und historische Bedeutung ist vor allem in unserer Zeit neu entdeckt worden, nachdem die Reformationsgeschichte den unruhigen Geist im Schatten des alles überwiegenden Reformators jahrhundertelang stiefmütterlich behandelt hatte. Lediglich der pietistische Theologe Gottfried Arnold hatte schon im Jahr 1700 in seiner »Kirchen- und Ketzerhistorie« versucht, Müntzers Rolle anders zu bewerten.

Literarische Bezugspunkte: Burg- und Schloßmuseum Allstedt, Stadtkirche St. Johannis, Rathaus mit Ratskeller, St. Wigberti-Kirchturm.

Weitere Sehenswürdigkeiten: Rosarium Sangerhausen (größter Rosengarten der Welt), Wasserburg Heldrungen: Gefängnis- und Verhörstätte Müntzers (1525), Panorama Bauernkriegsgedenkstätte Bad Frankenhausen mit Tübke-Monumentalgemälde zur Reformation.

Private Zimmervermittlung Blesse, Hospitalweg 06542 Allstedt
Fremdenverkehrsverein Sangerhausen e.V. Göpenstr. 19,
06526 Sangerhausen, Tel. Sangerhausen 25 75

Angermünde

Ehm Welk-Literaturmuseum Angermünde

EHM WELK
»MEIN ORPLID«

Angermünde, Kreisstadt der Uckermark, dürfte Millionen von Lesern der bekannten Kummerow-Bücher aus der Feder Ehm Welks auch als literarisches »Randemünde« bekannt sein. So nannte der volkstümliche Schriftsteller in seinen Werken die Stadt, in deren Nähe er in dem kleinen Dorf Biesenbrow am 29. August des Jahres 1884 zur Welt kam. Niemand konnte damals ahnen, daß aus dem Sohn eines einfachen Bauern (im Biesenbrower Ortsteil »Schäferei« steht noch heute sein Geburtshaus) einer der erfolgreichsten und meistgelesenen Autoren deutscher Sprache werden sollte.

Die Stadt Angermünde richtete zu Ehren des 90. Geburtstages des Dichters 1974 ein eigenes Ehm Welk-Literaturmuseum ein. Als Ausgangspunkt einer Reise auf den Spuren des Dichters bietet es dem Besucher alles Wissenswerte über das Leben und Werk Ehm Welks, einschließlich der wichtigsten Stationen seines Schaffens.

Literaturfreunden ist kein Geheimnis, daß vor allem die Kummerow-Bücher vielfältige biographische Ursprünge in Kindheits- und Jugenderlebnissen des Dichters aufweisen. In dieser Hinsicht spielen sowohl der Geburtsort Biesenbrow als auch Angermünde eine große Rolle. Ehm Welk, der bis zu seinem 14. Lebensjahr die traditionelle einklassige Volksschule seines Heimatortes besuchte, schöpfte ein Leben lang als Schriftsteller aus dem Fundus einer unbeschwerten Kindheit auf dem Lande. Unzählige seiner Gestalten, Landschaftseindrücke und Milieuschilderungen haben hier ihre Wurzeln. Das Erlebte war die Quelle seines literarischen Schaffens. Wie kaum einem anderen gelang es ihm, auf humoristisch lebendige Weise sein tiefes humanistisches Anliegen zum Ausdruck zu bringen. Heimatliebe und Weltoffenheit sind bestimmende Elemente seiner Bücher, die sich noch immer großer Beliebtheit erfreuen und so manchen Leser auf die Spuren des Dichters locken.

Ehm Welks Wunderland »Orplid«, ein Reich harmonischer Freiheit in der Natur, das der Dichter in Landschafts- und Tierbeschreibungen lebendig werden läßt, kann der Wanderer noch heute um den Geburtsort herum inmitten des »Biosphärenreservats Schorfheide — Chorin« in großer Vielfalt erleben.

Literarische Bezugspunkte: Ehm Welk-Literaturmuseum in Angermünde; Ehm Welk-Geburtshaus; Schulstube, Kirche, Brennerei und Gutshaus in Biesenbrow; Ehm Welk-Haus in Bad Doberan.

Weitere Sehenswürdigkeiten: historischer Altstadtkern Angermünde; Klosterkirche sowie gotische Marienkirche; Wagnerorgel und Heimattiergarten; Wanderziel Wolletzsee — Blumberger Mühle.

i Stadtinformation Angermünde, Rosenstraße 15, 16278 Angermünde
Tel. 0 33 31/3 22 68

Anklam

»EWIGE GLORIE DEM ORT, WO ER GEBOREN WARD«

Der günstigen Lage im Schnittpunkt vieler Handelswege und dem dadurch möglichen Fernhandel verdankte es Anklam, bereits 1283 Hansestadt zu werden. Die Weltoffenheit der Handels- und Hafenstadt erzeugte eine Atmosphäre, die einige junge Menschen, die hier lebten und die Schule besuchten, befähigte, später auf ihrem Gebiet bahnbrechende Leistungen zu vollbringen. So wurde das erste 1709 in Leipzig verlegte Lexikon in deutscher Sprache von dem 1667 in Anklam geborenen Johann Franz Budde herausgegeben. Ein großer Gelehrter wurde Johann Christoph Adelung. 1732 in Spantekow bei Anklam ge-

Steintormuseum

boren, besuchte er die Lateinschule der pommerschen Stadt. Obwohl er zunächst Theologie studierte, wurde die Sprachwissenschaft sein wesentlicher Lebensinhalt. Er gab 11 Zeitungen und Zeitschriften heraus, darunter die erste deutsche Kinderzeitung. Auf Wunsch Friedrich des Großen verfaßte er die erste »Deutsche Sprachlehre zum Gebrauch an die Schulen«.

Der niederdeutsche Dichter Fritz Reuter weilte des öfteren in Anklam und im nahegelegenen Stolpe. Während er in Stolpe auch schriftstellerisch tätig war, hat er in Anklam Begebenheiten und Personen ein literarisches Denkmal gesetzt, so z.B. mit »De swarten Pocken«. Das Wohnhaus in der Leipziger Allee 16 erinnert an diese lustige Geschichte. Der wohl bekannteste Anklamer ist der Flugpionier Otto Lilienthal. Weniger bekannt ist sein Wirken als Theatermäzen. Er selbst schrieb ein Stück unter dem Titel »Moderne Raubritter«. Im Lilienthaljahr 1991 wurde dieses Schauspiel am Anklamer Theater mit großem Erfolg wiederaufgeführt. Das die Menschheit schon sehr lange beschäftigende Flugproblem und die Hoffnung, daß es einmal jemand meistern würde, veranlaßte Leonardo da Vinci schon 1497 zu der Aussage: »... Und ewige Glorie dem Ort, wo er geboren ward«.

Sein erstes Lebensjahrzehnt verbrachte einer der bedeutendsten deutschen Schriftsteller, Uwe Johnson, in Anklam. Während das Wohnhaus der Familie Johnson am Markt zerbombt wurde, ist das von 1938 bis 1945 bewohnte Haus in Min Hüsung 12 erhalten geblieben. Erhalten ist ebenfalls die ehemalige Cotheniusschule in der Anklamer Schulstraße, die Uwe Johnson besuchte.

Literarische Bezugspunkte: Adelung-Geburtshaus Spantekow, Fährkrug in Stolpe, Wohnhaus Leipziger Allee 16, Lilienthal-Büste an der Stelle des Geburtshauses (Peenstr. 8), Wohnhaus (Peenstr. 35), Lilienthalmonument am Markt, Lilienthal-Gymnasium, Otto-Lilienthal-Museum, Wohnhaus von Johnson (Min Hüsung 12), Museum im Steintor.

Weitere Sehenswürdigkeiten: Reste der hist. Altstadt, z.B. Marienkirche, Ruine der Nikolaikirche, ehem. Heilige-Geist-Kirche, Anlagen der Stadtbefestigung.

 Anklam-Information, Kleiner Wall 11, 17389 Anklam,
Tel.: 0 39 71/ 21 05 41

Kaspar Hauser

KASPAR HAUSER, DAS RÄTSELHAFTE »KIND VON EUROPA«

1993 jährt es sich zum 160. Mal, daß Kaspar Hauser, Gegenstand einer Vielzahl literarischer Betrachtungen, in Ansbach ermordet wurde. In Ansbach, aber auch in Nürnberg läßt sich das Leben und Sterben des rätselhaften Findlings heute noch gut nachvollziehen. Am Pfingstmontag 1828, taucht er als halbwüchsiger, fußschwacher Fremder am Nürnberger Umschlittplatz auf. Fragen zu seiner Person oder Herkunft beantwortet er mit den Worten »dös woiß i nit«, aber immerhin schreibt er in Kleinbuchstaben seinen Namen auf ein Blatt Papier: kaspar hauser. Unter diesem Namen wird er später weltberühmt werden. Durch eine Bekanntmachung des Nürnberger Bürgermeisters Binder wird Kaspar zu einem öffentlichen Fall. Journalisten, Wissenschaftler und Kriminalisten interessieren sich für den Unbekannten, dessen Gedächtnis ausgelöscht scheint. Kaspar Hauser wird nacheinander bei verschiedenen Nürnberger Familien untergebracht. Er entwickelt sich prächtig, lernt Lesen und Schreiben, sogar Klavierspielen, und widmet sich der Malerei und Musik. Ein seltsamer englischer Lord namens Stanhope, der sich sehr für Kaspar interessiert, wird schließlich sein Pflegevater.

Doch offensichtlich ist Kaspar in Nürnberg nicht sicher: Im Oktober 1829 entkommt er nur knapp einem Mordanschlag und wird schließlich von Stanhope nach Ansbach, ins Haus des Lehrers Meyer, gebracht. Kaspar, der inzwischen durch die zahlreichen Forschungen und Veröffentlichungen weltberühmt geworden ist, verkehrt in Ansbach in den besten Kreisen. Er besucht Bälle und Redouten und ist allgemein beliebt. Doch er hat Angst vor weiteren Attentaten. Zu Recht: Am 14. Dezember 1833 wird er im Ansbacher Hofgarten von einem Unbekannten niedergestochen und stirbt drei Tage später an seinen schweren Verletzungen. Bis heute ist die wahre Identität des Kaspar Hauser nicht geklärt, doch man darf ihn mit einigem Recht für den (angeblich nach seiner Geburt 1812 verstorbenen) Erbprinzen von Baden halten.

Literarische Bezugspunkte Nürnberg: Unschlittplatz (Ort seines Auftauchens, Gedenktafel), Turm Luginsland auf der Kaiserburg. **Ansbach:** Wohnhaus des Lehrers Meyer, Kaspars Heim und Sterbehaus, Denkmal im Hofgarten an der Stelle des Mordanschlags, Grab Hausers im Stadtfriedhof bei Hl. Kreuz, neues Kaspar-Hauser-Denkmal in der Platenstraße. Zum Thema »Kaspar Hauser« haben die beiden Städte Ansbach und Nürnberg einen gemeinsamen Prospekt herausgegeben, der neben Führungen »Auf den Spuren Kaspar Hausers« viele interessante Informationen zum Thema beinhaltet.

Amt für Kultur und Touristik, Postfach 607, 91511 Ansbach, Tel. 0981/5 12 43 oder 5 13 24, Fax 5 13 65

Congress- und Tourismus-Zentrale Nürnberg, Postfach 4248, 90022 Nürnberg, Tel. 0911/23 36-0, Fax 23 36 66

SCHAUPLATZ FÜR FONTANES »GRETE MINDE«

Arendsee, eines der beliebtesten Ausflugsziele der Altmark, ist Literaturfreunden als einer der Schauplätze aus Theodor Fontanes berühmter Novelle »Grete Minde. Nach einer altmärkischen Chronik« vertraut. Der Autor, der 1859 in Arendsee ausgiebige Lokalstudien betrieb, wählte das romanische Kloster am See zum Schauplatz eines der ergreifendsten Kapitel aus seinem Werk. Nach der Flucht Grete Mindes aus Tangermünde läßt Fontane sie hier den Vater ihres Kindes begraben: »Die neunte Stunde war noch nicht heran, als ganz Arendsee die Klosterglocke läuten hörte..., und so ging es die Straße hinunter, in weitem Bogen um den

Klosterruine

Kirchhof herum, bis an die Seeseite wo, von alter Zeit her, der Eingang war. In der Nähe dieses Eingangs...hatte der Klostergärtner das Grab gegraben.« Die malerische Klosterruine läßt noch das einst stattliche Bauwerk erahnen. Heute finden hier Konzert- und Theateraufführungen statt. Im benachbarten ehemaligen Spital ist das vielseitige Heimatmuseum untergebracht, in dem auch über den Arendsee informiert wird. Als »Perle der Altmark« sagenumwoben und besungen, lockt der größte Einbruchsee Norddeutschlands mit einer weitläufigen, naturbelassenen Uferpromenade.

Aber der bekannte Luftkurort ist nicht nur in Fontanes Dichtung eingegangen. So lebt in Arendsee die Erinnerung an einen Einwohner der Stadt, der schon zu Lebzeiten den Bürgern rätselhaft war: Gustaf Nagel. Mit seiner schillernden Persönlichkeit hatten die Behörden vom Kaiserreich bis zur DDR ihre liebe Not. Mit seiner ungewöhnlichen, skandalumwitterten Lebensführung hielt er sein Leben lang die Umgebung in Atem. Neben seinen Bemühungen um die Rechtschreibreform, deren Ergebnisse der Besucher anhand der Grabinschrift Nagels studieren kann, wirkte der Wanderprediger auch als Lyriker. Sein Grab findet sich auf dem Arendseer Stadtfriedhof. Exponate seines ungewöhnlichen Lebens beherbergt das Heimatmuseum, am See finden sich Reste seiner selbsterbauten Tempelgrotte. Freunde der Gegenwartsliteratur können am gegenüberliegenden Ufer im »Medientreff Schrampe« an Lesungen teilnehmen, die die ehemalige DDR-Autorin Jutta Bartus organisiert. Wassersportler, Wanderer und Naturfreunde finden in Arendsee und Umgebung ideale Möglichkeiten der Freizeitgestaltung.

Literarische Bezugspunkte: Benediktinerinnen-Kloster (Ruine); der Arendsee; Grabstätte Gustaf Nagels und Reste seines Anwesens; Medientreff in Schrampe.

Weitere Sehenswürdigkeiten: Strandbad, Uferpromenade, Kluth-Turm, Galerie im Kreuzgang der Klosterkirche (Ausstellungen).

 Stadtinformation Arendsee, Lindenstraße 19a, 39619 Arendsee
Tel. 03 93 84 / 406 oder 03 93 84 / 71 64

Landkreis Aschersleben Sachsen-Anhalt

Adam Olearius (nach H. Rademacher)

In der Heimat des »Sachsenspiegels«

Daß die Reiseliteratur heute weltweit zu einem der wichtigsten Zweige des Buchhandels gehört, verdankt die Kulturgeschichte nicht zuletzt dem 1599 in Aschersleben geborenen Adam Olearius, dessen Werk »Oft begehrte Beschreibung der Neuen Orientalischen Reise« als erste wissenschaftliche Reisebeschreibung in die Literatur eingegangen ist. Olearius, der mit dem Barockdichter Paul Fleming im Auftrage des Herzogs von Holstein-Gottorp an Reisen nach Rußland und Persien teilgenommen hatte, wurde somit zum Ziehvater einer literarischen Gattung, die vor allem in unserem Jahrhundert in ungeahntem Ausmaß expandieren sollte. Olearius, eigentlich Oelschläger, stammte übrigens aus einer Schneiderfamilie, die in Aschersleben an der Vorderbreite ein Haus bewohnte.

Adam Olearius hatte seine Ausbildung an dem traditionsreichen Stephaneum, der alten Bürgerschule der Stadt, begonnen und befand sich damit in bester Gesellschaft, denn lange vor ihm hatte schon Thomas Müntzer, Luthers Gegenspieler im Bauernkrieg, am Stephaneum seinen Einfluß geltend gemacht, bevor er einige Jahre später am Stift in Frose als Propst tätig wurde. Auch Gottfried August Bürger, der unvergessene Dichter der »Wunderbaren Reisen ... des Freiherrn von Münchhausen« und der Meisterballade »Leonore«, besuchte in der Mitte des 18. Jahrhunderts das Stephaneum, mußte allerdings die Schule wegen eines Spottgedichtes vorzeitig verlassen. Als häufiger Besucher der Stadt ist auch Johann Wolfgang von Goethe zu erwähnen, der vor allem bei seinen Harzreisen hier Quartier nahm, so unter anderem im September und Oktober 1789. Eine Gedenktafel erinnert an seinen Aufenthalt.

In Ermsleben erblickte 1719 der später in Halberstadt ansässige Johann Wilhelm Gleim das Licht der Welt. Noch heute erinnert ein Grabmal auf dem städtischen Friedhof an die Eltern des Dichters, die hier ihre letzte Ruhestätte fanden. Klopstock, ein Freund Gleims, verbrachte 1763 einige Zeit in Meisdorf, von wo er begeisterte Briefe über das gesunde Landleben an Gleim richtete. Eine Ausstellung in der Burg befaßt sich mit dem monumentalen Werk.

Literarische Bezugspunkte: Stephaneum (Nachfolgegebäude), Gedenktafeln für Goethe und Gleim, Gedenktafel am Geburtshaus von Gleim in Ermsleben, Stiftskirche in Frose mit Gedenktafel für Thomas Müntzer, Burg Falkenstein.

Weitere Sehenswürdigkeiten: Historische Stadtbefestigungsanlage mit 15 erhaltenen Türmen und Schalen, der Graue Hof (ältestes Profangebäude der Stadt), Konradsburg Ermsleben, Burg Freckleben.

 Aschersleben Information, Taubenstr. 6, 06449 Aschersleben, Tel. 03473/4246

Augsburg

BERTOLT BRECHT, DER AUGSBURGER

Nur wenige Literaturfreunde wissen, daß Bertolt Brecht die meiste Zeit seines Lebens in seiner Geburtsstadt Augsburg verbrachte. Auch wichtige zeitgeschichtliche Ereignisse vollziehen sich während Brechts Augsburger Jahre: Er erlebt das nationalistische Pathos und die Kriegsemphase 1914, wenig später — zeitweise als Militärkrankenwärter — das Elend der Verwundeten und Kriegsgefangenen, schließlich Deutschlands Niederlage im Ersten Weltkrieg, die Rätebewegung und den Untergang der Monarchie. Auch nach seinem endgültigen Umzug nach Berlin riß die Verbindung zu Augsburg bis zur Emigration 1933 nicht ab. Oft war Brecht in seiner Heimat-

Bert-Brecht-Gedenkstätte

stadt, um von der Betriebsamkeit der Metropole Berlin auszuspannen und in der elterlichen Wohnung an seinen Werken zu arbeiten.

Viele für den jungen Brecht wichtige Stätten sind noch heute in Augsburg zu besichtigen: In erster Linie das Haus Bleichstraße 2, das dem Oblatterwall zugewandte vorderste der vier Haindlschen Stiftungshäuser, wo sich seit 1900 die elterliche Wohnung befand. In diesem Gebäude an der romantischen Kastanienallee, die heutige Brecht-Straße, die am Stadtgraben und der Kahnfahrt und den Wallanlagen entlangführt, war auch Brechts berühmte Dachmansarde, die Schauplatz und Ausgangspunkt der Aktivitäten des Freundeskreises um den Dichter war. Die Volksschule am Stadtpflegeranger — heute »St. Anna-Schule« — und das Realgymnasium an der Blauen Kappe — heute »Peutinger Gymnasium« —, die Brecht besuchte, die Elias-Holl-Schule, in der sich das Kriegslazarett befand, in welchem Brecht als Militärkrankenwärter arbeitete; das Stadttheater, in dem der Dichter schon als Schüler häufig zu Gast war und wo viele der Aufführungen stattfanden, über die Brecht als Student Theaterkritiken schrieb; schließlich der »Goldene Saal« des Rathauses, den Brecht im »Augsburger Kreidekreis« beschreibt.

In Brechts Geburtshaus, Auf dem Rain 7, wurde 1985 die Bert-Brecht-Gedenkstätte eröffnet, die der Staats- und Stadtbibliothek angegliedert ist, welche die bedeutendste Brecht-Sammlung nach der des Berliner Brecht-Archivs besitzt.

Literarische Bezugspunkte: Geburtshaus, Wohnhaus, Gablers Taverne (Frühwerk Baal), Augsburger Kahnfahrt (Gedichte), Plärrer (Gedichte), Rathausplatz (Gedicht), Augsburger Lech-Altstadt, Brechts Schulen usw.

Weitere Sehenswürdigkeiten: Rathaus mit »Goldenem Saal«, Fuggerei (älteste Sozialsiedlung der Welt), Maximilianstr. mit Bürgerhäusern und Brunnen, 8 Städt. Museen, Dom, Luthergedenkstätte (St. Annakirche), Synagoge, Wallanlagen, Zoo, Botanischer Garten.

ℹ Touristik- & Kongreß-Service, Bahnhofstr. 7, 86150 Augsburg
Tel. 08 21 / 50 20 70, Fax 50 20 7 45

Bad Bertrich

»DAS MILDE KARLSBAD«

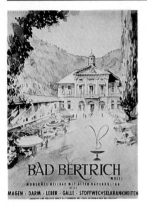

Anläßlich seines Besuches und einer vergleichenden Wasseranalyse bezeichnete der bekannte Gelehrte und Weltreisende Alexander von Humboldt Bad Bertrich als »das milde Karlsbad«. Die pittoreske Landschaft um Bad Bertrich, von romantischen Malern und Zeichnern immer wieder als Motiv gewählt, die Geschichte des Bades und die Spannung zwischen den einfachen Menschen der Eifel und des Üßbachtals und den »feinen Gästen« des Bades haben mehrmals bedeutende Schriftsteller zur literarischen Beschäftigung mit dem Kurort angeregt. Die schönste Schilderung hinterließ der Arzt und Schriftsteller Dr. Heinrich Hoffmann (1804-1894), dessen »Struwwelpeter« immer noch Klassiker heiterer Erziehungsliteratur ist: »Bad Bertrich ist ein köstlicher Winkel, ein Miniaturbad, man fürchtet morgens beim Aufwachen, an die Bergwände anzustoßen, oder daß einer die ganze Geschichte in eine Schachtel packt und heimtragen wird.«

Ein besonderes literarisches Denkmal wurde dem Ort, seinen Menschen und der Landschaft von der Schriftstellerin Clara Viebig gesetzt, die sich über sechzig Mal hier aufhielt und in der Villa Vercana oder im Kurhotel bei ihrem »treuen Freund Otto Pitz« wohnte. Im Saal des kurfürstlichen Schlößchens wurde ihr zu Ehren der Clara-Viebig-Freundeskreis e. V. gegründet.

Das kurfürstliche Schlößchen, nach der Haager Konvention als europäisches Kulturgut geschützt, verdankt seine Entstehung dem Kurfürsten Clemens Wenzelslaus, einem Enkel von August dem Starken. Er ließ es als seine Sommerresidenz mit einem Bade- und Empfangshaus direkt über der Glaubersalztherme zwischen Alleegarten und Kurgarten errichten. Heute finden hier in Zusammenarbeit mit der Senioren-Akademie Bad Bertrich e. V. klassische Konzerte bei Kerzenschein sowie literarische Seminare statt. Eines dieser Seminare ist einer weiteren großen Schriftstellerin von Bad Bertrich gewidmet, und zwar Emmi Elert, einer Freundin Clara Viebigs. Mit ihren Werken schuf sie herausragende Zeugnisse zeitgenössischer Belletristik.

Von ganz anderer Art und jüngsten Datums ist die historisch frei gestaltete Novelle »Die Beichte von Bad Bertrich«, in der 1980 erschienenen Novellensammlung »Das Vermächtnis«, von Werner Möbius. Es ist ein verzwicktes Verwirrspiel um den Kuraufenthalt des Kurfürsten in Bad Bertrich.

Literarische Bezugspunkte: Kurfürstliches Schlößchen

Weitere Sehenswürdigkeiten: Hohenzollernturm, Bismarckturm, Elfengrotte, Burg Arras mit Museum zum Bundespräsidenten Heinrich Lübke, Ausstellungen mti Vernissage im Kurhaus.

i Tourist-Information, Clara-Viebig-Straße, 56864 Bad Bertrich
Tel. 0 26 74/12 93, Fax 220

Bad Frankenhausen

KYFFHÄUSER UND BAD FRANKENHAUSEN

Das Gebiet zwischen Thüringer Pforte und Goldener Aue war ein recht fruchtbarer Boden für intellektuelle Geister. Der sagenumwobene Kyffhäuser im Norden Thüringens inspirierte viele bekannte deutsche Dichter zu poetischen Höhenflügen. Bereits der im 13. Jahrhundert in der Rothen-

Schloß

burg lebende Christian von Luppin schuf einige Lieder, von denen 7 in der Überlieferung der Manessischen Handschrift mit seinem Bild erhalten geblieben sind. Die »Barbarossasage«, jene Überlieferung vom rotbärtigen Kaiser, der im Kyffhäuser der Erfüllung des Traumes harrt, wurde zum Thema vieler bekannter Werke von Friedrich Rückert bis Heinrich Heine.

Im 18. Jahrhundert wurde in Frankenhausen, am Südhang des Kyffhäusergebirges, der Dichter Friedrich Wilhelm Zachariä geboren. Der von Goethe geschätzte Dichter wurde bekannt durch sein scherzhaftes Heldengedicht »Renommist« und die zahlreichen Trink- und Liebeslieder. Goethe gedachte seiner in dem Gedicht »An Zachariä«. Am 30. Mai 1776 weilte Johann Wolfgang von Goethe selbst auf dem Kyffhäuser. Das Erlebnis des Kyffhäusers veranlaßte ihn zu seiner Zeichnung der Kyffhäuser-Felsenlandschaft.

Der in Frankenhausen lebende Kantor Carl Gebicke (1825-1899) hinterließ viele Gedichte, Romane und Lieder, die in der Frankenhäuser Mundart geschrieben worden sind. Seine derb drastischen Milieuschilderungen lassen Frankenhäuser Geschehnisse lebendig und farbenfroh erscheinen. Frankenhisser Schnerzchen gehen seit Generationen von Mund zu Mund. Die interessante Kyffhäuserlandschaft veranlaßte 1840 den Komponisten Friedrich Zöllner zur Melodie des bekannten Ohrwurms »Das Wandern ist des Müllers Lust«. In Artern, wo auch Goethes Urgroßvater zu Hause war, begann Novalis seinen Roman »Heinrich von Ofterdingen«. Wiehe war Heimatstadt des großen Historikers Leopold von Ranke. Die historische Bauernschlacht unter der Führung von Thomas Müntzer in Frankenhausen wurde von mehreren Schriftstellern als Thema aufgegriffen. Während der Schlacht am 15. Mai 1525 auf dem Weißen Berg hielt Müntzer vor der großen Niederlage seine letzte Predigt. Heute steht hier das berühmte Bauernkriegs-Panorama mit der Gemälderotunde »Frühbürgerliche Revolution in Deutschland« von Werner Tübke.

Literarische Bezugspunkte: Barbarossahöhle, Reichsburg Kyffhausen, Kyffhäuserdenkmal, Rothenburg, Hausmannsturm, Gedenktafel Geburtshaus Zachariäs.

Weitere Sehenswürdigkeiten: Schloß (Kreisheimatmuseum), Unterkirche, Ruine der Oberkirche mit dem schiefen Turm, Sachsenburgen, Wasserburg Heldrungen, Königspfalz Tilleda.

Kyffhäuser Fremdenverkehrsverband e.V., Kyffhäuser-Information, Postfach 35, 06562 Bad Frankenhausen, Tel.: 03 46 71/30 37 u. 31 86, Fax 41 26

Bad Muskau

Oberlausitz
Freistaat Sachsen

Muskauer Park (Pinus nigra L.)

HERMANN FÜRST VON PÜCKLER-MUSKAU (1785-1871)

Pückler und der Muskauer Dichter Leopold Schefer (1784-1862) sind die geistigen Väter der Muskauer Parkanlage. Beide Charaktere bildeten sich in einem zeitlosen Humanismus aus: beide Persönlichkeiten waren aber oftmals Gegensätze. Gemeinsame Jugenderlebnisse und die ab 1811 reifende Idee, die Standesherrschaft Muskau in einen Landschaftsgarten zu verwandeln, verbanden den Dichter und den Fürsten ein Leben lang. Liebe, Tod, Standesdünkel und die Sehnsucht nach der großen, freien Welt waren die Themen in ihrer frühen Jugend. Schefer dichtete, Pückler lebte die inneren Konflikte aus. Nach den Irrungen der Jugendzeit fanden beide eine akzeptable Norm für ihr Leben. Schefer blieb auf dieser Ebene der Dichter und beratende Freund. Pückler schrieb, was die Feder hergab und entschied sich zur praktischen Umsetzung. Er machte Park. Sein literarischer Ruhm, der sich eher zufällig mit der Herausgabe der »Briefe eines Verstorbenen« ab 1830 in Deutschland, Frankreich und England verbreitete, begründete zugleich den Mythos um die Person des halbanonymen Autors. Die zahlreich nachfolgenden Reise-Erzählungen vermitteln dem Leser feinste Naturbeobachtungen, Selbstironie und satirische Gesellschaftskritik.

In den Jahren 1815 bis 1845 gestaltete Pückler seinen Park in Muskau. Die umfassende Grund-Idee für die Parkgestalt beschreibt er in den »Andeutungen über Landschaftsgärtnerei« (1834). Mit dem Leben Pücklers und dem Werden der Parkgestalt sind bedeutende Persönlichkeiten aus allen gesellschaftlichen Bereichen verbunden. Bettina v. Arnim, Rahel und August Varnhagen v. Ense, J. W. Goethe, Lucie v. Hardenberg, H. Heine, H. Laube, J. H. Rehder und K. F. Schinkel sind nur einige der Menschen, die Pückler nahestanden.

Unzweifelhaft ist der englische Landschaftspark ein Vorbild für Pückler gewesen. Auf seinen Reisen nahm er ästhetische Bilder und Landschaftseindrücke in sich auf. Letztlich führte das individuelle Streben Pücklers nach ethischen und ästhetischen Qualitäten zu einer der bedeutungsträchtigsten Parkgestalten des 19. Jahrhunderts. Manches Vergangene und Gegenwärtige bleibt dem Besucher zu erraten vorbehalten, wenn er sich wachen Auges in den Park begibt und die Impressionen in sich aufnimmt.

Literarische Bezugspunkte: Landschaftspark Muskauer Park mit Schloß, Amtshaus (Museum), Schloß-Vorwerk, Tropenhaus und Orangerie. Landschaft, akzentuiert durch beeindruckende Diagonal- und Fernsichten. Große Parkwiesen, alter Baumgruppenbestand und belebende Wasserläufe zeichnen eine idealisierte Natur. Größe: 240 ha (D); 360 ha (PL). Unmittelbarer Grenzübergang in den polnischen Parkteil.

 Parkverwaltung Muskauer Park, Postfach, 02951 Bad Muskau, Tel. 03 57 71/96 26

Bad Segeberg

HEILBAD, LUFTKURORT UND STADT DER KARL-MAY-SPIELE

Karl-May-Spiele

Weithin sichtbares Zeichen Bad Segebergs ist der Kalkberg. Malerisch lagert sich die Altstadt um ihn herum. Der Gipfel des 91 m hohen Kalkberges bietet einen herrlichen Rundblick über die Stadt Bad Segeberg und die Hügellandschaft Holsteins. Am Fuße des Kalkberges finden alljährlich seit 1952 im Juli und August in einer der schönsten Freilichtbühnen Europas die Karl-May-Spiele statt. In den vierzig Jahren der Karl-May-Spiele haben Millionen von Menschen Winnetou und anderen Helden aus Karl Mays Werken zugesehen und sich verzaubern lassen. Kindheitsträume aus den Leseabenteuern mit Karl May werden in Bad Segeberg unter freiem Himmel Wirklichkeit. Wie im »Wilden Westen« sitzt der Zuschauer zwei Stunden mitten im Geschehen.

Vor den Toren des Freilichttheaters lädt das Apatschen-Reservat mit dem Nebraska-Haus zum Besuch ein. Hier kann das Alltagsleben im »Wilden Westen« besichtigt werden.

Der Kalkberg und Bad Segeberg inmitten der herrlichen, typisch schleswigholsteinischen Hügellandschaft mit Wäldern, Wiesen und Seen haben aber auch direkt in das Werk eines der bedeutendsten Novellisten und Lyrikers des letzten Jahrhunderts Eingang gefunden — ins Werk Theodor Storms.

Als Kind und Schüler weilte Storm oft bei der Bürgermeisterfamilie Esmarch im zu besichtigenden historischen Segeberger Rathaus, später als Student, Verlobter und Ehemann seiner Cousine Constanze Esmarch, der Tochter des Bürgermeisters Esmarch. Beide wurden in dem heutigen Sitzungssaal des Rathauses, der damaligen Dienstwohnung des Bürgermeisters, getraut. Das Rathaus spielt in Storms Werk häufig eine Rolle, so auch in der Novelle »Waldwinkel«, in der er unter anderem den Schwiegervater beschreibt: »Drinnen aber in seinem Geschäfts- und Arbeitszimmer saß der Gestrenge selbst, der außer dem genannten Amte auch das eines Gerichtsdirektors und Polizeimeisters in seiner Person vereinigte...«

Viele Briefe Storms, aber auch Novellen und Gedichte, geben ein Bild vom Bad Segeberg des 19. Jahrhunderts, das damals noch Segeberg hieß, und seinem herrlichen Umland. Darüber hinaus wurde das künstlerische Schaffen Storms entscheidend von der Segebergerin Constanze Esmarch geprägt.

Literarische Bezugspunkte: Kalkberg, Rathaus, Großer Segeberger See, St. Marienkirche, Stipsdorf, Gut Rohlstorf, Ihlheide.

Weitere Sehenswürdigkeiten: Kalkberghöhlen, Kurpark mit Promenade, Ihlsee, Heimatmuseum, Städt. Kunsthalle Otto Flath, St. Marienkirche (12. Jhdt.).

i Tourist-Information Bad Segeberg, Oldesloer Str. 20, 23795 Bad Segeberg
Tel. 0 45 51/57-233, Fax 57-231

Bad Wildbad

Graf Eberhard der Greiner auf der Flucht

LUDWIG SEEGER — DER »SCHWÄBISCHE HEINRICH HEINE«

Nicht nur die berühmte Ballade »Überfall im Wildbad« von Ludwig Uhland, der gerne Gast im königlichen Bad war, gibt Anlaß zur literarischen Spurensuche in Wildbad. Unter den Wildbader Badegästen befanden sich u.a. so große Namen wie Ulrich von Hutten, Friedrich von Matthison, Georg Moritz Ebers und in jüngerer Zeit Christine Brückner. Im Werk der genannten Poeten finden sich stets Spuren des Wildbad-Aufenthaltes. Mit dem Uhland-Freund und schwäbischen Romantiker Justinus Kerner, der 1810-1812 als Badearzt in Wildbad seine medizinische Karriere begann, begeben wir uns zu den zeitweise in Wildbad lebenden Autoren. Hierzu zählen im 20. Jahrhundert der in Wildbad verstorbene Lyriker, Essayist und Prosaist Rijn Thaland, dessen Grab auf dem Wildbader Stadtfriedhof liegt, und der frühverstorbene junge Wildbader Autor Eberhard Bechtle, dessen Werk seit kurzem herausgegeben wird.

Berühmtester — wenn auch heute beinahe vergessener — Sohn Wildbads ist der Philologe, Übersetzer, Lyriker und Politiker Ludwig Seeger, der in einem Nachruf aus berufenem Mund als »schwäbischer Heinrich Heine« apostrophiert wurde. Am 30. Oktober 1810 in Wildbad geboren, führte ihn sein demokratisches und rebellisches Wesen auf einen in manchem an den berühmteren Christian Friedrich Daniel Schubart erinnernden Weg durch das Königreich Württemberg und das benachbarte Ausland: Vikariat in Württemberg, Hauslehrerstellen in Württemberg und der Schweiz, Professur in Bern, politischer Redakteur in Ulm und langjähriger politischer Vertreter im Württembergischen Landtag sind markante Stationen seines äußeren Lebensweges, der unterbrochen wird durch 6 Wochen Haft auf dem Hohen Asperg bei Ludwigsburg wegen Majestätsbeleidigung.

Im 19. Jahrhundert ein sehr geschätzter Lyriker und Übersetzer, ist er heute zu Unrecht beinahe der Vergessenheit anheimgefallen. Trotzdem sind auch heute noch seine Übersetzungen des französischen Lyrikers Béranger und der griechischen Komödien des Aristophanes wegweisend.

Literarische Bezugspunkte: Holzschnitzereien zu Uhlands Ballade im Ratssaal des Wildbader Rathauses; Kerner-Inschrift in der Karlsbadhalle; Ebershütte und Ebersbrücke; Kurpark Wildbad, Staats- und Stadtwälder um Wildbad.

Weitere Sehenswürdigkeiten: Kurhaus Wildbad; Altes Eberhard-Bad mit maurischer Halle, Kurtheater im neobarocken Stil; Evangelische Stadtkirche; Ruine Fautsburg; Flößermuseum Calmbach.

 Reise- und Verkehrsbüro Wildbad GmbH, König-Karl-Str. 5-7
75323 Bad Wildbad, Tel. 0 70 81 / 1 02 80, Fax 1 02 90

WILHELM VON KÜGELGEN

Hofmaler, Kammerherr und
Schriftsteller (Autobiograph)

»Um sechs Uhr in Ballenstedt.
Der Anblick dieses Ortes, den
ich seit meinem sechzehnten Jahre nicht wiedergesehen ... ergreift
mich wunderbar« vertraut Wilhelm von Kügelgen seinem Tagebuch an, als er am 31. August
1833 in der kleinen Residenzstadt am Harzrand eintrifft. Als

Schloß Ballenstedt

Hofmaler des Herzogs Alexander Carl von Anhalt-Bernburg nach Ballenstedt
berufen, wohnte er zunächst mit Frau und Kindern im »Großen Gasthof« unterhalb des Schlosses. Später bezogen Kügelgens ein eigenes Haus, heute Kü-
gelgenstraße 35, das später Ausstellungs- und Vortragsräume aufnehmen soll.
Das mit Portraits aus der Hand des Malers ausgestattete Kügelgenzimmer befindet sich im Städtischen Heimatmuseum. Zu Ballenstedt hatte Kügelgen eine
tiefe Zuneigung — er nannte den Ort »mein frisches, freundliches Ballenstedt«,
obwohl ihn hier schwere Schicksalsschläge ereilten und er sich vom Am-
biente des Fürstenhofes eingeengt fühlte. Von fortschreitender Farbblindheit
geplagt und von den Pflichten des ihm später übertragenen Amtes als Kammerherr des kranken Fürsten sehr in Anspruch genommen, greift er nur noch
selten zu Pinsel und Farbe. »In der Jugend wollte ich ein Heiliger werden
und faßte große Entschlüsse — jetzt will ich froh sein, wenn mich der Herr
bei der Arbeit trifft.« Kügelgen kompensierte diesen erdrückenden Zustand
in seiner Autobiographie »Jugenderinnerungen eines alten Mannes« und in
seinen zahlreichen Briefen, besonders an den Bruder Gerhard. Die Werke
sind immer wieder verlegt worden. Trotz der zum Teil erdrückenden Lebensumstände zeichnen seine Schriften Humor und Heiterkeit aus. Sie dokumentieren ein zutiefst fundiertes Gemälde biedermeierlichen Bürgerlebens. Wilhelm von Kügelgen hatte bei den Ausflügen, auf denen er den Herzog begleitete, und auch bei vielen einsamen Spaziergängen Gelegenheit, die Natur,
»die so unbeschreiblich schön ist«, auf wunderbare Weise zu erleben. Der
Besucher Ballenstedts kann sich auf gut ausgeschilderten Wanderwegen oder
Spaziergängen im Schloßpark (Lenné-Park) von dieser Stimmung einfangen
lassen. Auch bietet der rekonstruierte Schloßkomplex, die Wirkungsstätte Kügelgens, viele interessante Anregungen.

Literarische Bezugspunkte: Kügelgenhaus, Friedhof — Familiengrabstätte derer von Kügelgen, Städtisches Heimatmuseum mit Kügelgenzimmer, Schloß, Schloßtheater.

Weitere Sehenswürdigkeiten: Schloß Ballenstedt — »Wiege Anhalts«, barocke Dreiflü-
gelanlage mit Grablage Albrecht des Bären und Resten einer romanischen Klosterkirche (Straße der Romanik), Schloßtheater — ältestes Theater in Anhalt (1788), Städtisches
Heimatmuseum mit Kügelgenzimmer, Schloßpark, Kügelgenhaus, Altes Rathaus (1683),
Oberhof — ehemaliger Adelssitz derer von Stammer (1480), Nikolaikirche (1326), Stadtbefestigung, Neues Rathaus (Messelbau, 1906).

 Stadtinformation, Allee 50, 06493 Ballenstedt, Tel. 039483/263

Bamberg

STADT DER ROMANTIK
STADT E.T.A. HOFFMANNS

E.T.A.-Hoffmann-Haus

Der 1776 in Königsberg geborene und vielseitig begabte E.T.A. Hoffmann ist in Bamberg überall lebendig geblieben. Hoffmann, der studierte Jurist, in den Wirren der Napoleonischen Zeit nach Bamberg als Musikdirektor ans Theater verpflichtet, fühlte sich »in dem herrlichen südlichen Deutschland« recht wohl, wenngleich seine Tätigkeit manche Enttäuschung mit sich brachte. Sein Verdienst am Theater war zwar mäßig und zwang ihn, private Musikstunden zu geben, doch daraus erwuchs auch die Zuneigung zu seiner jungen begabten Schülerin Julia Marc. In seinen Erzählungen tragen viele Frauengestalten Julianes Züge. Das Auf und Ab dieser idealen Liebesvorstellungen hat Hoffmann nur mit dem »redenden Hund Berganza«, der ihn auf den Spaziergängen durch den Hain zum Gasthaus in Bug begleitete, besprechen können.

In der Abgeschiedenheit der Altenburg über Bamberg, wo er viele Sommerwochen verbrachte, entstand die große Zauberoper »Undine«. Im ersten Wohnhaus, Nonnenbrücke 10, wurde sein erstes literarisches Werk (»Ritter Gluck«) vollendet. Die zweite Wohnung (ab 1809), ist im Stil der damaligen Zeit erhalten und verwahrt zahlreiche Erinnerungsstücke. Das Haus wird von der internationalen E.T.A.-Hoffmann-Gesellschaft betreut. Dem heute nach ihm benannten Theater, seiner ehemaligen Wirkungsstätte, hat er mit der Erzählung »Don Juan« ein literarisches Denkmal gesetzt. Sein Stammlokal, die »Theaterrose«, ist in veränderter Form noch erhalten. Hier wird das Andenken an den einstigen skurrilen Stammgast bewahrt.

Hoffmann hat, trotz seiner »Lehr- und Marterjahre«, die er hier von 1808 bis 1813 verbrachte, Bamberg nie vergessen. In seiner letzten Erzählung, »Meister Johannes Wacht«, setzte er Bamberg, seinen Bürgern, den fleißigen Handwerkern und all den fränkischen Mädchen und Frauen ein liebenswertes Denkmal.

Literarische Bezugspunkte: Erstes Wohnhaus Nonnenbrücke 10; Zweites Wohnhaus Schillerplatz 26 (heute »E.T.A.-Hoffmann-Haus«), gegenüber das Restaurant »Theaterrose« und das »E.T.A.-Hoffmann-Theater«; die Altenburg mit »E.T.A.-Hoffmann-Klause«; im Haingebiet Denkmal und Nepomukstatue (mit dem sprechenden Hund »Berganza«); Haus in der Lange Straße 13 (Wohnhaus der Julia Marc: »Käthchen«); Bronzedenkmal am Schillerplatz (E.T.A. Hoffmann mit »Kater Murr«).

Weitere Sehenswürdigkeiten: Viertürmiger Kaiserdom, Alte Hofhaltung, Neue Residenz mit Rosengarten, ehem. Kloster St. Michael, Altenburg, Altes Brückenrathaus in der Regnitz, ehem. Fischersiedlung »Klein Venedig« u.v.m.

ℹ Fremdenverkehrsamt Bamberg, Geyerswörthstr. 3, 96047 Bamberg
Tel. 09 51 / 87 11 61, Fax 87 19 60

Berlin

»SCHLAGT MICH TOT. ICH LIEBE BERLIN.«

Brandenburger Tor im 19. Jahrhundert

Berlin-Liebeserklärungen gibt es seit Jahrhunderten in Hülle und Fülle, aber niemandem sind sie besser gelungen als dem Publizisten Walter Hasenclever, der im Pariser Exil die Tragik der literarischen Berlinzuneigung auf die obige Kurzformel brachte. Nicht selten ist es eine Haßliebe, die die großen Geister dieses und anderer Jahrhunderte mit dem Spreeathen verbindet, aber immer ist neben dem Haß die Liebe zu Alex, Kudamm und Wannsee ein bißchen größer. Eine Legion von Werken aus und über Berlin stellt das unter Beweis. Daran hat sich nichts geändert.

Wer die Berliner Literaturszene beschreiben will, vor allem unter Einschluß der Historie, macht sich an eine schier unmögliche Arbeit. Also gilt es sich zu beschränken auf das »Unverzichtbare«, und selbst das ist so umfangreich, daß der Chronist zum kriminellen Mittel der Unterschlagung greifen muß.

Mit Paul Gerhardt, dem streitbaren Diakon der Nikolaikirche, könnte die Bilanz beginnen, sind doch seine Lieder noch immer das Rückgrat jedes deutschen Gesangbuches. Friedrich Nicolai dürfte nicht ausgelassen werden, und von Karl Philipp Moritz, dem Verfasser des »Anton Reiser« bis zum Salon der Rahel Varnhagen von Ense mit ihren illustren Gästen, unter denen Heinrich Heine nicht unerwähnt bleiben darf, muß die Rede sein. Natürlich schreit das literarische Gewissen nunmehr längst nach Theodor Fontane und seinen bedeutenden Zeitgenossen in und um Berlin, und in diesem Jahrhundert wollen Alfred Döblin, Kurt Tucholsky und Hans Fallada auf jeden Fall genannt sein, und das bedeutet trotzdem, daß mindestens hundert andere zurückstehen müssen.

Topographische Anziehungspunkte erster Klasse aber sind nach wie vor die Gräber der nunmehr ungeteilten Stadt, wobei Heinrich von Kleist am Kleinen Wannsee und Bertolt Brecht auf dem Dorotheenstädtischen Friedhof im Osten der Stadt die bevorzugten Adressen sein dürften. Das Köpenicker Rathaus schließlich, von dem fast jedes Kind in Deutschland schon gehört hat, kann beispielhaft für die vielen Gebäude der Stadt stehen, die, selbst wenn sie gar nicht mehr stehen sollten, sogar als Bauwerke unsterblich sind. Berlin hat eben nicht nur Literatur, das meiste an Berlin ist längst Literatur.

Literarische Bezugspunkte: Eine umfassende Übersicht bietet der Band »Berlin literarisch«, der überall im Buchhandel zu erhalten ist. Für literarische Spurensucher ein informativer Begleiter durch die Hauptstadt.

Weitere Sehenswürdigkeiten: Wegen des außerordentlichen Umfangs sei ebenfalls auf einschlägige Führer im Buchhandel hingewiesen.

 Berlin-Touristikinformation, Martin-Luther-Str. 105, 10825 Berlin, Tel. 030/2 12 34

Biberach a.d. Riß

WIRKUNGSSTÄTTE CHRISTOPH MARTIN WIELANDS

Wieland-Gartenhäuser

Bei einem Rundgang durch die historische Altstadt der ehemaligen freien Reichsstadt trifft man immer wieder auf den Namen Wieland, den großen Dichtersohn der Stadt Biberach: Das Stammhaus der Familie Wieland; das Elternhaus, in dem Wieland vom 3. bis zum 14. Lebensjahr aufwuchs (das Geburtshaus von Wieland steht in Oberholzheim, etwa 20 km von Biberach entfernt); Wielands Amtssitz als Biberacher Kanzleiverwalter; das Wieland-Denkmal vor der Stadthalle; die Wieland-Linde; auch das Wieland-Gymnasium und die Wielandstraße erinnern an den Dichter.

Das Komödienhaus (ehemalige Schlachtmetzig) ist wohl die bekannteste Wirkungsstätte von Christoph Martin Wieland. Hier führte er mit großem Erfolg im September 1761 Shakespeares Drama »Der Sturm« in eigener Übersetzung auf. Es war die erste originalgetreue Wiedergabe eines Shakespeare-Stückes auf einer deutschen Bühne.

Das Schloß Warthausen, 4 km nördlich von Biberach gelegen, war eine wichtige Station in Wielands Leben. Hier war er in den Jahren 1760-1769 häufig Gast beim Grafen Stadion und Sophie La Roche. Er verfügte über ein eigenes Zimmer im Schloß sowie im Wasserturm des Parks, wo er ungestört arbeiten konnte.

1766-1769 mietete sich der Dichter das Obergeschoß eines Gartenhauses vor den Toren der Stadt, und dort entstanden u.a. das romantische Feenmärchen »Idris und Zenide« und der größte Teil der »Geschichte des Agathon«. 1769 verließ Wieland Biberach, dozierte bis 1772 in Erfurt und lebte und wirkte bis zu seinem Tode (1813) in Weimar.

In seiner Verserzählung »Oberon«, in der es heißt: »...Mein Herz bleibt ewig doch vor allen dir gewogen...«, hinterließ Wieland die schönste Hommage an seine Heimatstadt.

Literarische Bezugspunkte: (in Biberach) Wieland-Gartenhaus, Komödienhaus (1761 Aufführung des »Sturm« von Shakespeare in der ersten deutschen Übersetzung von Wieland), Wieland-Schauraum, Wieland-Archiv, Wieland-Haus, Wieland-Linde, Wieland-Denkmal; (außerhalb): Wielands Geburtszimmer im Pfarrhaus Oberholzheim, Schloß Warthausen.

Weitere Sehenswürdigkeiten: Hist. Altstadt, renovierte Rathäuser von 1432 und 1503, Handwerkerhaus von 1318, Reste der ehemaligen Stadtbefestigung mit Türmen, Städt. Sammlungen (Braith-Mali-Museum, z. Zt. wg. Renovierung geschlossen), Stadtpfarrkirche St. Martin; Biberach a.d. Riß ist Station der Oberschwäbischen Barock- und der Schwäbischen Dichterstraße.

> ℹ Städt. Fremdenverkehrsstelle, Theaterstr. 6, 88400 Biberach a.d. Riß
> Tel. 0 73 51 / 5 14 83, Fax. 5 15 11

BLAUBEUREN - EINE QUELLE DEUTSCHER LITERATUR

Wenige Orte in Deutschland können auf ein so vielfältiges Literaturerbe blicken wie das schwäbische Blaubeuren. Schon im 12. Jahrhundert finden wir auf der Burg Ruck den Minnesänger Heinrich von Rugge. Zum kulturellen Ruhm der kleinen Stadt aber sollte vor allem die 1556 gegründete Klosterschule beitragen, die zu Beginn des 19. Jahrhunderts Evang.-theologisches Seminar wurde und einige große Namen der Literaturgeschichte beherbergte, unter ihnen Wilhelm Hauff, Friedrich Theodor Vischer und David Friedrich Strauß.

Blautopf

Literarischen Weltruhm allerdings erlangte Blaubeuren durch den geheimnisvollen »Blautopf«, jenem verzweigten Höhlensee, dem Eduard Mörike in seiner »Historie von der schönen Lau« ein einzigartiges Denkmal setzte. Die Geschichte von der schwermütigen Wassernixe, die ihrem Gemahl nur tote Kinder geboren hatte und die deshalb in den Blautopf verbannt wurde, lockt Jahr für Jahr Touristen aus aller Welt nach Blaubeuren. Mörike hatte die »Historie« in sein »Stuttgarter Hutzelmännlein« aufgenommen.

Ein berühmter Besucher war der Dichter Hermann Hesse, der 1925 auf seiner »Nürnberger Reise« dem Zauber des Städtchens nachspürte. Hesses Liebeserklärung an den kleinen Ort spricht für sich: »... es steckte hinter dem Namen 'Blaubeuren' ein Reiz und ein Geheimnis, eine Flut von Anklängen, Erinnerungen und Lockungen. Blaubeuren, das war erstens ein liebes altes schwäbisches Landstädtchen und war der Sitz einer schwäbischen Klosterschule, wie ich selber als Knabe eine besucht hatte... und in Blaubeuren hatte einst die schöne Lau gewohnt.«

Die Erinnerung an ein weiteres Datum der Literaturgeschichte wahrt heute die Schubartstube im Amtshaus des Klosters. Am 23. Januar 1777 wurde der bekannte Schriftsteller Christian Friedrich Daniel Schubart auf Befehl des württembergischen Herzogs Carl Eugen in Blaubeuren verhaftet und anschließend ohne Urteil für zehn Jahre auf dem Hohenasperg eingesperrt, wo ihn unter anderem der junge Friedrich Schiller besuchte. In der Schubartstube weist zudem eine ständige Ausstellung auf die Autorin Agnes Sapper hin, deren »Familie Pfäffling« seit 1906 nicht nur in Schwaben zum Hausbuch-Bestseller wurde.

Literarische Bezugspunkte: Der Blautopf, Hammerschmiede, Klosterschule, Schubartstube im Amtshaus des Klosters mit Ausstellungen zu Schubart, Mörike und Agnes Sapper.

Weitere Sehenswürdigkeiten: Kirche mit Hochaltar

ℹ Bürgermeisteramt Blaubeuren,
89143 Blaubeuren, Tel. 0 73 44/ 13 17, Fax 13 36

Bomlitz

Cordinger Mühle

ARNO SCHMIDT MÜHLENHOF CORDINGEN

Von 1945 bis 1950 lebte und arbeitete der Dichter Arno Schmidt in dem an der Grenze zwischen den damals selbständigen Ortschaften Benefeld und Cordingen (heute Ortsteil der Gemeinde Bomlitz) gelegenen »Mühlenhof«. In dem 1974/75 abgerissenen Wohnhaus in der Nähe des Flüßchens Warnau, das außer Schmidt und seine Frau Alice noch über weitere fünfzehn Familien — meistens Flüchtlinge — beherbergte, entstanden die Erzählungen »Enthymesis«, »Gadir«, »Alexander«, »Massenbach« und »Brands Haide«. Für die hier ebenfalls geschriebene Erzählung »Leviathan«, mit der Arno Schmidt der literarische Durchbruch gelang, erhielt er 1950 den Literaturpreis der Akademie der Wissenschaft und Künste in Darmstadt. Schmidt lebte in beengten und ärmlichen Verhältnissen; er mußte sich seinen Unterhalt als Dolmetscher an der damaligen Hilfspolizeischule Benefeld verdienen. Bomlitz-Benefeld, seine Menschen und seine landschaftliche Umgebung, spielen in Schmidts Frühwerk, insbesondere in der erwähnten Erzählung »Brands Haide«, aber auch in »Schwarze Spiegel«, »Die Umsiedler« und »Aus dem Leben eines Fauns« — die in den späteren Wohnorten Schmidts (Gau Bickelheim und Kastel) entstanden — eine wichtige Rolle.

Die oft gerühmte »Authentizität« der von Arno Schmidt geschilderten Gestalten, Orte, Landschaften und Lebensumstände in der Kriegs- und Nachkriegszeit bietet auch heute noch Gelegenheit zur literarischen »Spurensuche«. Sie beschränkt sich nicht auf Bomlitz-Benefeld, sondern führt auch in die nahegelegenen Städte Fallingbostel und Walsrode oder z. B. nach Ahlden an der Aller (Schauplatz des Romans »Das steinerne Herz«).

Die Gruppe »Arno Schmidt« im Forum Bomlitz befaßt sich mit der biographischen Aufarbeitung und pflegt das Andenken des Dichters durch Lesungen, Vorträge und Ausstellungen in dem von der Gemeinde Bomlitz wiederhergerichteten Müllerhaus in der Nähe von Schmidts ehemaliger Wohnstätte. Dort ist auch eine ständige Ausstellung zu Arno Schmidts Benefelder Zeit eingerichtet. Stipendiaten der Literaturwissenschaften arbeiten hier auf Einladung der Gemeinde und der Arno Schmidt Stiftung Bargfeld. Der Arno-Schmidt-Pfad führt vom Mühlenhof durch die von Schmidt geschilderte Landschaft der ehemaligen Eibia aus dem Roman »Aus dem Leben eines Fauns«.

Literarische Bezugspunkte: Müllerhaus Cordingen, Arno-Schmidt-Pfad.

Weitere Sehenswürdigkeiten: Vogelpark Walsrode, Lönsgrab am Tietlinger Wacholderhain, Archäologischer Lehrpfad in der Eibia/Loheide.

[i] Gemeinde Bomlitz, Schulstr. 4, 29699 Bomlitz, Tel.: 0 51 61/4 89 30, Fax 4 89 19

AN DEN SCHAUPLÄTZEN DER WELTBEKANNTEN »JUDENBUCHE«

Bökerhof

»Friedrich Mergel, geboren 1783, war der einzige Sohn eines sogenannten Halbmeiers oder Grundeigentümers geringerer Klasse im Dorf B., das ... das Auge jedes Reisenden fesselt durch die überaus malerische Schönheit seiner Lage in der grünen Waldschlucht eines bedeutenden und geschichtlich merkwürdigen Gebirges.« Mit diesen Worten beginnt die Dichterin Annette von Droste-Hülshoff ihr, nach Meinung vieler Literaturfreunde, schönstes und bestes Werk, die »Judenbuche«. Nicht zuletzt deshalb hat sich die Bundesbank entschlossen, auf dem neuen Zwanzigmarkschein das Motiv der »Judenbuche« aufzunehmen.

Seit vielen Generationen gehört die bekannte Novelle zum unverzichtbaren Schatz deutscher Literatur, und das Schicksal des armen Friedrich Mergel und seines Opfers hat bisher Millionen von Lesern bewegt.

Längst wissen Literaturfreunde in aller Welt, daß es sich bei der von der Droste rücksichtsvoll mit »B.« abgekürzten Ortsbezeichnung um den Ort Bellersen, heute Stadtteil von Brakel, handelt. Der Novelle liegt nämlich ein historischer Kriminalfall zugrunde, der sich 1783 in der Heimat der Großeltern der Droste ereignet hatte. Bei ihren häufigen Ferienaufenthalten in Bökendorf hatte die junge Annette von der Geschichte des Mörders und Selbstmörders Hermann Winkelhannes, der in ihrer Novelle literarisch zu Friedrich Mergel wird, gehört. Die Dichterin benutzte viele Schauplätze und Bezugspunkte, die sich noch immer in der Umgebung ausmachen lassen. So wird die Suche nach den Spuren der berühmten Erzählung ein unvergeßliches Literatur- und Reisevergnügen inmitten noch immer wunderschöner Waldlandschaft. Das Verkehrsamt der Stadt Brakel bietet nach Vereinbarung für Gruppen geführte Exkursionen auf den Spuren der »Judenbuche« an, wobei es sich um ein einzigartig interessantes Landschafts- und Kulturerlebnis handelt, zu dem übrigens keine Vorkenntnisse erforderlich sind. Schloß Bökerhof ist auch der Ort, an dem die junge Dichterin für ihre hier ebenfalls oft zu Besuch weilenden Freunde Jacob und Wilhelm Grimm Geschichten sammelte und zu deren später bekannter Märchensammlung beisteuerte.

Literarische Bezugspunkte: Bökerhof mit Hainbuchen-Laubengang, Droste-Hülshoff-Stein, Brüder-Grimm-Wanderweg, alle Originalschauplätze der »Judenbuche«.

Weitere Sehenswürdigkeiten: Barockbauwerke von Johann Conrad Schlaun (z.B. Kapuzinerkirche, sein Erstlingswerk), ehem. Benediktinerinnenkloster Gehrden.

ℹ️ tourist information · Fremdenverkehrs- und Kulturamt der Stadt Brakel, 33034 Brakel/Westf., Am Markt 5, Tel. 0 52 72/609-269, Fax 609-297, staatlich anerkannter Luftkurort.

Bretten

MELANCHTHONSTADT BRETTEN

Melanchthonhaus

Neben dem alljährlichen »Peter-und-Paul-Fest« (dem ältesten Heimat- und Volksfest Südwestdeutschlands), der Sage vom »Brettener Hundle« und den Herden der ortsansässigen Firma Neff ist Bretten vor allem durch den Reformator und Humanisten Philipp Melanchthon bekannt geworden, der hier im Jahre 1497 geboren wurde.

Im väterlichen Haus am Marktplatz verbrachte der junge Philipp Schwarzerdt (so der ursprüngliche Familienname des späteren engsten Mitarbeiters Luthers und »Lehrer Deutschlands«) seine Kindheitsjahre, ehe ihn Schulausbildung und Studium nach Pforzheim, Heidelberg und Tübingen führten.

Sein reformatorisches und wissenschaftliches Wirken entfaltete sich jedoch im Umkreis Luthers in Wittenberg, wo Melanchthon mehr als vier Jahrzehnte seines Lebens verbrachte und 1560 verstarb. An der Stelle von Melanchthons einstigem Geburtshaus befindet sich mittlerweile eine 1897-1903 anläßlich seines 400. Geburtstages errichtete Gedenkstätte: das Melanchthonhaus. Mit einer mehr als 8000 Bände umfassenden Bibliothek, einem Archiv mit rund 450 Originalhandschriften aus der Reformationszeit, einem Museum mit vielen originalen Drucken, Graphiken und Handschriften aus dem 16. Jahrhundert und einer wissenschaftlichen Forschungsstelle ist es eines der wichtigsten Zentren der reformationsgeschichtlichen Forschung in Deutschland.

Neben Melanchthon sind es zwei weitere Namen aus der Geistes- und Literaturgeschichte, die sich mit Bretten verbinden. Unweit des Marktplatzes erblickte um 1555 Michael Heberer das Licht der Welt, der als Gelehrter und Reisender später in türkische Gefangenschaft geriet. Sein 1610 erschienenes Buch »Aegyptiaca Servitus«, in dem er seine Erlebnisse schildert, gilt als eines der ersten Zeugnisse der Reiseliteratur in Deutschland. Schließlich war Bretten der Ort, bei dem Friedrich Schiller auf der Flucht vor dem Herzog von Württemberg 1782 die Grenze seiner schwäbischen Heimat überschritt. In der Thurn-und-Taxis'schen Poststation am Brettener Marktplatz machte er erstmals Rast, ehe er nach Mannheim weiterreiste, wo sein Drama »Die Räuber« bereits große Erfolge zu verzeichnen hatte. Eine Gedenktafel an dem noch erhaltenen Gebäude erinnert bis heute an dieses Ereignis.

Literarische Bezugspunkte: Melanchthonhaus, Melanchthondenkmäler vor der Stiftskirche und der Johann-Peter-Hebel-Schule, Hebererhaus (Pforzheimer Str. 7), Schiller-Gedenktafel am Haus Marktplatz 11.

Weitere Sehenswürdigkeiten: Marktbrunnen, Stiftskirche, Kreuzkirche, Altes Rathaus, Amtshaus, Pfeiferturm, Simmelturm, Hundlesbrunnen, Gerberhaus.

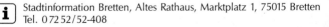

i Stadtinformation Bretten, Altes Rathaus, Marktplatz 1, 75015 Bretten
Tel. 0 72 52 / 52-408

Buckow

BRECHTS SOMMERWOHNSITZ

Brecht-Weigel-Haus

In der Märkischen Schweiz, von jeher geschätzte Landschaft bekannter Literaten wie Adalbert von Chamisso oder Theodor Fontane, fand der Dichter Bertolt Brecht nach langer Suche ein Refugium, das ganz seinen Vorstellungen entsprach und zu seinem bevorzugten Sommeraufenthaltsort werden sollte. Die Landschaft der Märkischen Schweiz mit ihren Farben und Formen, dem Licht und der Stille hatte dem Leiter des Berliner Ensembles auf Anhieb zugesagt. In seinem Arbeitsjournal vom 14. Februar 1952 notiert er, daß er sich mit Helene Weigel in der Märkischen Schweiz Landhäuser angesehen habe. Er vermerkt, daß sie in Buckow auf einem schönen Grundstück am Wasser des Schermützelsees unter großen Bäumen ein altes, nicht unedel gebautes Häuschen mit einem anderen, geräumigeren Haus, welches etwa 50 Schritte entfernt läge, gefunden hätten. Noch im selben Jahr wird das Haus gepachtet. In der neuen »Sommerresidenz« lassen sich auf ideale Weise schöpferische Ruhe mit politischen, künstlerischen und privaten Aktivitäten verbinden.

Während das große Haus für Gäste und Gesellschaften zur Verfügung steht — besonders das ehemalige Bildhaueratelier bietet sich hier an —, zieht sich Brecht zum Arbeiten in das zugehörige Gärtnerhaus zurück, in dem in den nächsten Jahren einige Werke entstehen. Vor allem die »Buckower Elegien« tragen den Namen des kleinen Ortes der Märkischen Schweiz in alle Welt. Aber auch andere Arbeiten werden in Angriff genommen, zum Teil gemeinsam mit Freunden und Bekannten. In Buckow arbeitet der Dichter u.a. an Strittmatters »Katzgraben«, an der Shakespeare-Vorlage »Coriolan« und an seinem letzten großen Stück (»Turandot«).

Seit 1977 ist das Brecht-Weigel-Haus in Buckow für alle Besucher offen, die sich dem Werk beider Künstler verbunden fühlen. In der ehemaligen Garage Brechts hat der Wagen aus »Mutter Courage« einen würdigen Platz gefunden. Von Helene Weigel 1949 zum ersten Mal im Deutschen Theater und dann in vielen hundert Aufführungen im Theater am Schiffbauerdamm und in anderen europäischen Hauptstädten über die Bühnen gezogen, erinnert dieses berühmte Requisit an die revolutionären Anfänge einer neuen Theaterkunst.

Literarische Bezugspunkte: Brecht-Weigel-Haus.

Weitere Sehenswürdigkeiten: Kirche am Markt, historischer Marktplatz mit Brunnen, Schloßpark (Lenné), Wurzelfichte, Bollersdorfer Höhe mit Blick auf den Schermützelsee, Naturpark »Märkische Schweiz«.

Umwelt- und Fremdenverkehrsamt Märkische Schweiz,
Wriezener Str. 1a, 15377 Buckow,
Tel. 03 34 33/5 75 00 od. 6 59 81, Fax 6 59 20

Dachau

Ludwig Thoma
(Zeichnung von O. Gulbransson)

»WENN ICH ZURÜCKBLICKE, AM SCHÖNSTEN WARS DOCH IN DACHAU«

Ludwig Thoma, am 21. Jan. 1867 in Oberammergau als Sohn eines königlichen Revierförsters geboren, gilt als der bedeutendste bayerische Schriftsteller des 19. und frühen 20. Jahrhunderts. Nach dem Studium der Rechtswissenschaften eröffnete der junge Anwalt Thoma in dem malerischen Markt Dachau seine erste Kanzlei. Dort erinnert heute eine Gedenktafel am Raufferhaus an die beruflichen und literarischen Anfangsjahre des Dichters. Sein Erstlingswerk »Agricola« mit Erzählungen aus dem Dachauer Land brachte ihm große Anerkennung ein, und so hängte Thoma die »Ferckelstecherei«, wie er seine Juristentätigkeit scherzhaft nannte, wenige Jahre später an den Nagel und widmete sich ausschließlich der Schriftstellerei. Obwohl Ludwig Thoma Dachau nach wenigen Jahren bereits wieder verließ, blieben das Dachauer Land und seine Menschen die literarische Quelle für seine Bauernromane und Theaterstücke. Wie keinem zweiten bayerischen Schriftsteller gelang es Thoma, Mentalität und Charaktere, Sprache und Lebenseinstellung der Dachauer Bauern und Kleinbürger bildhaft und realitätsnah zu beschreiben. Viele Orte des Landkreises, so Dachau, Pellheim, Arnbach, Kleinberghofen und Altomünster, wurden Schauplätze seiner Erzählungen. Weit über Bayern hinaus berühmt wurde Thoma durch seine »Lausbubengeschichten«, die »Briefe des Landtagsabgeordneten Josef Filser«, seine Beiträge im »Simplicissimus« und seine Theaterkomödien und -tragödien, mit denen er unter anderem in Berlin große Erfolge feierte.

Für den einfühlsam Reisenden sind Thomas gefühlsstarke Erzählungen an dem einen und anderen Ort noch nachvollziehbar, fährt er zum Beispiel mit der Lokalbahn von Dachau quer durchs Hügelland nach dem Marktflecken Altomünster. Auch als Ludwig Thoma schon längst in dem von seinem Freund Ignatius Taschner erbauten Haus am Tegernsee wohnte, hielt er sich jedes Jahr einige Zeit in seinem großen Dachauer Jagdrevier im Glonntal auf.

Literarische Bezugspunkte: Bezirksmuseum mit Thoma- und Taschnerzimmer und Raufferhaus (Altstadt), Ludwig-Thoma-Gedenkstein, Ludwig-Thoma-Haus (Kulturhaus), Ludwig-Thoma-Gemeinde (Kultur- und Theaterverein); Mitterndorf: Villa des Künstlers I. Taschner; Kleinberghofen: Gasthaus Rottenfußer (Thoma-Stube).

Weitere Sehenswürdigkeiten: Altstadt mit Kirche St. Jakob und Schloß, Dachauer Gemäldegalerie (Landschaftsmalerei der Dachauer Künstlerkolonie des 19./frühen 20. Jh.); Indersdorf: Ehem. Augustiner-Chorherrenkloster; Altomünster: Birgittinnenkloster; Erdweg: Romanische Basilika, archäologische Hügelgräber; Haimhausen: Schloß.

i Verkehrsverein Dachau e. V., Konrad-Adenauer-Str. 3
85221 Dachau, Tel. 08131/84566, Fax 84529

Darmstadt

LITERATUR IN DARMSTADT

Mathildenhöhe Darmstadt

Unter den Städten mit literarischer Vergangenheit — und Gegenwart — genießt Darmstadt einen hervorragenden Ruf. Schon die Klassik hinterließ ihre Spuren: Goethe kam hierher, nicht nur weil Darmstadt auf dem Weg von Frankfurt nach Italien lag. Er hielt sich gern hier auf und fand in dem Kriegsrat Johann Heinrich Merck einen Freund und Förderer. Die »groß« genannte Landgräfin Caroline gründete im romantischen Darmstadt des 18. Jahrhunderts den Kreis der Empfindsamen, unter ihnen Klopstock, Herder und Wieland. Nicht viel später reagierte ein junger Mann »empfindsam« auf rebellische Weise: Gerade dem Gymnasium entwachsen, verhieß der junge Arztsohn Georg Büchner dem unterdrückten Volk »Friede den Hütten«, und den Mächtigen »Krieg den Palästen«. Er kämpfte mit der ehrenwerten Waffe des Wortes. Er war zugleich Revolutionär, Naturwissenschaftler, Dichter und Prophet. Nach ihm benannt ist der größte und angesehenste Literaturpreis Deutschlands: der Georg Büchner-Preis, der jeden Herbst von der Deutschen Akademie für Sprache und Dichtung in Darmstadt verliehen wird.

Darmstadts literarisches Leben wird bis heute durch eine stattliche Reihe von Namen repräsentiert. Zu ihnen gehören in der Gegenwart: Karl Krolow und Gabriele Wohmann, die in der Künstlerkolonie im Park Rosenhöhe zuhause sind, und in der Literaturgeschichte u. a. Matthias Claudius, Georg Christoph Lichtenberg, Ernst Elias Niebergall, Kasimir Edschmid, Karl Wolfskehl, Frank Thieß, Elisabeth Langgässer, Arno Schmidt und Ernst Kreuder.

Wolfgang Weyrauch, der bekannte Lyriker und Hörspielautor, hatte in den sechziger Jahren die Idee, junge Lyriker zu fördern. Er stiftete den Leonce- und Lena-Preis, den heute die Stadt Darmstadt alle zwei Jahre im »Literarischen März« als bedeutendsten deutschen Preis für junge Lyriker vergibt. Auch der Ricarda Huch-Preis, für politische Literatur, wird von der Stadt vergeben. Der Deutsche Literaturfonds bemüht sich mit der Vergabe des »Kranich«, der in einem Lesewettbewerb zu gewinnen ist, um die Förderung junger Schriftsteller. Nicht vergessen sei das Deutsche Polen-Institut, das von Darmstadt aus mit seinem Leiter, dem Dichter und Übersetzer Karl Dedecius, polnische Literatur und Lyrik ins Deutsche übersetzt und mit Lesungen und Veröffentlichungen einen wertvollen Beitrag zur europäischen Kultur leistet.

Literarische Bezugspunkte: Einen guten Überblick über die Stadt- und Kulturgeschichte bietet das »Darmstädter Bürgerbuch« (Druckerei Reinheimer, 1989)

Weitere Sehenswürdigkeiten: Schloß mit Schloßmuseum, Stadtkirche, St.-Ludwigs-Kirche, Mathildenhöhe, Staatstheater, Landesmuseum

ℹ️ Verkehrsamt, Luisenplatz 5, 64283 Darmstadt
Tel. 0 61 51/13 27 80-81, Fax 13 20 75

Detmold

MIT GRABBE, FREILIG-RATH UND WEERTH DURCH DETMOLD

Grabbes Sterbehaus (heute Café),
dahinter Freiligraths Geburtshaus

Detmold ist eine Musenstadt. Darauf deutet nicht nur der mittlerweile über Detmold hinaus bekannte Vers hin, der sich am ehemaligen Hotel Stadt Frankfurt befindet und die (sprichwörtliche) Lokalhistorie treffend kennzeichnet: »Hier wohnte Brahms, hier hat Lortzing, Grabbe und Freiligrath getrunken, bis die Sonne durchs Fenster gewunken, dann sind sie leise nach Hause gehunken.« In einem Zeitraum von etwas über 20 Jahren wurden hier drei Dichter geboren, die in der deutschen Literatur ihren festen Platz haben: Christian Dietrich Grabbe 1801, Ferdinand Freiligrath 1810, Georg Weerth 1822. In erster Linie ist Detmold allerdings Grabbes Stadt. In der Bruchstraße findet man sein Geburtshaus, das von 1754 bis 1849 als Detmolder Zuchthaus diente. Hier wuchs Grabbe Wand an Wand mit den Zuchthausinsassen auf. An seine Vaterstadt hat ihn keineswegs Neigung, sondern Lebens- und Sterbensnotwendigkeit gefesselt, abgesehen von wenigen Augenblicken des Glücks, etwa als sein »Don Juan und Faust« in Detmold mit der Musik und unter Mitwirkung von Albert Lortzing aufgeführt wurde. Anerkennung wurde ihm zunächst nur in der Fremde zuteil. Auf Grabbe stößt der Detmold-Besucher auf Schritt und Tritt. Mehr über ihn und seine Spuren in Detmold kann man im Grabbe-Haus erfahren: Bei der Grabbe-Gesellschaft, beim Lippischen Literaturarchiv und vielleicht bei einer Aufführung der Studio-Bühne des Landestheaters oder auch bei einer Stärkung im Café, das sich nach Grabbes Frühwerk »Café Gothland« nennt. In der Straße »Unter der Wehme« gelangen wir zu Grabbes Sterbehaus, das unmittelbar neben Freiligraths Geburtshaus steht. Im heutigen Grabbe-Café spielte im September 1836 der Schlußakt der menschlichen Tragödie Grabbe.

Außer mit Grabbes Namen ist Detmold ebenfalls verbunden mit den Namen Ferdinand Freiligrath und Georg Weerth, den Engels »den ersten und bedeutendsten Dichter des Proletariats« nannte. Beide gehören zu den großen Dichtern des vergangenen Jahrhunderts, die vor allem durch ihre Lyrik hervortraten. So wurde ein späterer Besuch des gebürtigen Detmolders Freiligrath für ihn ein wahrer Triumphzug durch die Heimat.

Literarische Bezugspunkte: Grabbe-Geburtshaus: Bruchstr. 27; Sterbehaus: Unter der Wehme 7; Grab auf dem Alten Friedhof; Büste vor der Landesbibliothek; Gedenkstein Palaisstr. 42 (ehem. Laube der Eltern); Freiligrath-Geburtshaus: Unter der Wehme 5; Gedenktafel für Georg Weerth: Bruchstr. 2.

Weitere Sehenswürdigkeiten: Residenzschloß, Landesmuseum, Freilichtmuseum, Adlerwarte, Vogel- und Blumenpark

 Tourist-Information, Rathaus am Markt, Postfach 2761, 32754 Detmold, Tel. 05231/977328, Fax 977299

Düsseldorf

HEINRICH HEINES STADT

»Die Stadt Düsseldorf ist sehr schön, und wenn man in der Ferne an sie denkt und zufällig dort geboren ist, wird einem wunderlich zu Mute. Ich bin dort geboren, und es ist mir, als müßte ich gleich nach Hause gehn« (Heine). Diese Liebeserklärung des bekanntesten aller Dichter aus der Rheinmetropo-

Goethe-Museum

le zeigt die lebenslange Zuneigung Heines zu seiner Geburtsstadt, wo er am 13.12.1797 in der Bolkerstraße als Harry Heine zur Welt kam. Im »Buch Le Grand« und in seinen »Memoiren« schildert Heine das Düsseldorf seiner Kindheit in den schönsten Farben.

Viele Schauplätze, die den Hintergrund der Welt des kleinen Harry Heine ausmachten, sind noch immer vorhanden und laden den Literaturreisenden zur Spurensuche ein. Im Geburtshaus haben heute ein literarisches Café, das Literaturbüro NRW und die Heinrich-Heine-Gesellschaft ihren Sitz.

Im nahegelegenen Heine-Institut (Bilker Str. 12-14) erinnert eine ständige Gedenkausstellung an Leben und Werk des Dichters. Das Institut verwahrt den Heine-Nachlaß sowie Handschriften und Bücher zu vielen weiteren literarischen Figuren, die in Beziehung zu Düsseldorf stehen, denn Düsseldorf ist nicht nur die Stadt, in der (nach Rolf Bongs) »Heine geboren ist, Immermann sein Theater hatte und Grabbe sein Unglück vertrank«. Von Friedrich Spee, dem wortgewaltigen Kämpfer gegen den dumpfen Hexenwahn müßte die Rede sein, von den Brüdern Jacobi, deren Haus in Pempelfort viele große Geister anzog, und nicht zuletzt müßten Hans Müller-Schlösser (»Schneider Wibbel«), Herbert Eulenberg (»Schattenbilder«) und der durch seine volkstümlichen Bestseller bekannte Heinrich Spoerl (»Die Feuerzangenbowle« u.a.) genannt werden.

Ein weiterer Höhepunkt eines literarischen Düsseldorf-Besuches ist das Goethe-Museum im Schloß Jägerhof (Jacobistraße 2) mit seiner ständigen Ausstellung »Goethe in seiner Zeit«, neben Weimar und Frankfurt wichtigste Goethe-Gedenkstätte Deutschlands.

Literarische Bezugspunkte: Ein kostenloser literarischer Stadtführer mit 9 Stationen führt zu allen interessanten Literaturschauplätzen der Stadt. Außerdem gibt ein Prospekt mit dem Titel »Heine in Düsseldorf« einen Überblick über die Heine-Topographie der Stadt sowie Hinweise zu Werk und Wirkung des Dichters.

Weitere Sehenswürdigkeiten: Altstadt, Kunstsammlung Nordrhein-Westfalen, Schloß Benrath (Spätbarock), Museen, Theater, Kunsthalle, Oper, Galerien.

Werbe- u. Wirtschaftsförderungsamt, 40200 Düsseldorf
Tel. 02 11/89-9 38 20, Fax 89-2 90 61 (Stadtauskünfte, Werbematerial)
Zimmerreservierung: Verkehrsverein, Tel. 02 11/17 20 20, Fax 16 10 71

Eisenach

Bechtolsheimsches Palais

JULIE VON BECHTOLSHEIM

Als eine der interessantesten und liebenswürdigsten Frauen ihrer Zeit in Eisenach wird Julie von Bechtolsheim (1751-1847), die Frau des Vizekanzlers, des höchsten Beamten des eisenachischen Staatsteils von Sachsen-Weimar-Eisenach, geschildert. Die Familie bewohnte das im klassizistischen Stil errichtete Palais am Jakobsplan. Goethe wurde bei seinem ersten Besuch in Eisenach im Herbst 1777 von der Familie Bechtolsheim liebevoll betreut; von da an bestand eine vertraute Freundschaft mit Julie, die sich nicht nur durch die häufigen Besuche im Palais am Jakobsplan, sondern auch durch eine umfangreiche Korrespondenz bis an sein Lebensende erhielt.

Angeregt durch das geistige Leben der jungen Mädchen und Frauen in Weimar, versuchte sich auch Julie als Dichterin und Schriftstellerin. Eine Serie von Beiträgen erschien von ihr im »Vossischen Musenalmanach von 1788«, in »Beckers Erholungen«, in der »Urania« und im »Chaos«, der von Ottilie von Goethe herausgegebenen handschriftlichen literarischen Zeitschrift. Goethe unterstützte ihre dichterischen Bemühungen durch leichte Korrekturen mit zarter Hand, und er schickte ihr die Prosafassung seiner »Iphigenie« und die beiden ersten Akte des »Tasso«, damit sie ihm ihr weibliches Urteil darüber mitteile. In vielen Gedichten huldigte Julie dem Fürstenpaar in Weimar, gab sie ihren Gedanken und Empfindungen gefühlvollen Ausdruck, was Goethe im Hinblick auf eine Elegie zum Tod der Großherzogin-Mutter gegenüber Eckermann zu der Bemerkung veranlaßte: »...daß sie sich selten zu beschränken und da aufzuhören wisse(n), wo es gut wäre...«

Eine herausragende und heimatgeschichtlich bedeutsame Leistung vollbrachte Julie von Bechtolsheim mit ihrem umfangreichen Gedicht »Der erste September 1810 in Eisenach«, in dem sie als Augenzeugin die verheerende Pulverexplosion am Schwarzen Brunnen und die nach der Katastrophe von allen Seiten einsetzende aufopferungsvolle Hilfe eindrucksvoll schildert. Bis auf den heutigen Tag ist ein Text von ihr erhalten, der an das Schicksal adliger französischer Emigranten erinnert, die vor der Französischen Revolution geflohen waren. Er befindet sich in Französisch und Deutsch an einer Gedenktafel in der Vorhalle der Georgenkirche am Markt.

1847 starb Julie von Bechtolsheim hochbetagt in Eisenach. Sie wurde auf dem Alten Friedhof beerdigt.

Literarische Bezugspunkte: Bechtolsheimsches Palais, Schwarzer Brunnen, Georgenkirche, Alter Friedhof.

Weitere Sehenswürdigkeiten: Wartburg, Lutherhaus, Bachhaus, Reuter-Villa mit Wagner-Ausstellung, Automobilbaumuseum

 Fremdenverkehrsamt Eisenach, Bahnhofstr. 3-5, 99817 Eisenach, Tel. 03691/6904-0

Eisfeld — die Stadt Otto Ludwigs

Eingebettet in die reizvolle Hügellandschaft am Südhang des Thüringer Waldes, liegt die kleine Stadt Eisfeld am Oberlauf der Werra. Wer sich die Zeit nimmt, die freundlichen Gassen und Plätze des Städtchens zu durchwandern, wird vielleicht empfinden, was den Dichter Otto

Otto-Ludwig-Gartenhaus

Ludwig (1813-1865) mit seiner Vaterstadt verband. Als der angehende Schriftsteller 1842 Eisfeld für immer verließ, erschienen ihm die Eindrücke seiner Jugendzeit wie eine unerschöpfliche Fundgrube von dichterischen Motiven, von denen er lebenslang zehren konnte. Das gilt besonders für die Erzählungen »Die Heiterethei« und ihr Widerspiel »Aus dem Regen in die Traufe« (1854/55) sowie für den Roman »Zwischen Himmel und Erde« (1856). Diese Meisterwerke realistischer Erzählkunst sind angesiedelt in der engen Welt des deutschen Kleinbürgertums.

Aufgewachsen in der scheinbaren Idylle des Landstädtchens, lernte er schon früh die Folgen kleinstaatlicher Mißwirtschaft und Borniertheit kennen. Die schönsten Tage seiner Kindheit und Jugend verbrachte er im väterlichen Berggarten und Sommerhaus Am Heinig, »lernte hier die Lust an der Einsamkeit und der Natur, lernte Schiller, Tieck und Shakespeare kennen«, betrieb gemeinsam mit Freunden musikalische und literarische Studien und entwarf als Jüngling erste Singspiele und Opern, die ihm nach ihrer erfolgreichen Aufführung ein Stipendium des meiningischen Herzogs zum Studium der Musik bei Mendelssohn-Bartholdy einbrachten. Dieser erste, von Armut und Zweifeln getrübte Leipziger Aufenthalt, brachte die endgültige Hinwendung zur Schriftstellerei und die Übersiedlung von Meißen nach Dresden, wo nach langen Jahren erfolglosen Schaffens 1850 sein Trauerspiel »Der Erbförster« und 1853 »Die Makkabäer« aufgeführt wurden. Otto Ludwig ist vor allem durch sein episches Werk als Begründer des »Poetischen Realismus«, aber auch als Theoretiker durch seine »Shakespeare-Studien« in die Literatur eingegangen. Am Ende seines von Armut und langem Siechtum überschatteten Lebens schrieb er die sehnsuchtsvollen Zeilen: »Noch einmal, eh ich gehe, laß das Haus wo meine Wiege stand mich grüßen...« wohl im Gedenken an das Gartenhaus Am Heinig, in dem sich heute die Gedenkstätte befindet.

Literarische Bezugspunkte: Marktstraße 4, Denkmal am Schloßvorplatz, Otto-Ludwig-Garten Am Heinig, Bronzestandbild am Hang unterhalb des Sommerhauses, Otto-Ludwig-Gartenhaus mit Ausstellungsräumen.

Weitere Sehenswürdigkeiten: Museum »Otto Ludwig« im Schloß, spätgotische Stadtkirche, Alte Schule und Pfarrhaus, Alter Friedhof mit Grabstätte Justus Jonas, Epitaph der Reformatoren Nicolaus Kindt und Justus Jonas.

 Stadtverwaltung, Marktstr. 2, 98673 Eisfeld, Tel. 03686/3 90 20
Fax 39 02 44

Lutherstadt Eisleben

Luthers Geburtshaus

GEBURTS- UND STERBEORT DES GRÖSSTEN DEUTSCHEN SPRACHREFORMERS

Seit der Reformationszeit steht die Stadt Eisleben neben Erfurt und Wittenberg im Mittelpunkt des Interesses der Luther-Touristen. Ein Millionenheer von Reisenden aus aller Welt hat der Stadt im Mansfeldischen bisher auf den Spuren des Reformators ihre Reverenz erwiesen, und das wird sicher noch viele Jahrhunderte so bleiben.

Wie kaum ein anderer Ort verkörpert Eisleben den Lebenslauf des späteren Reformators und Schöpfers der hochdeutschen Schriftsprache. Hier erblickte der spätere Wittenberger am 10. November 1483 das Licht der Welt, und hier sollte sich sein Lebenskreis viele Jahre später zufällig schließen.

Eisleben ist mehr als reich an Lutherstätten, und der interessierte Tourist kann sich, wenn er möchte, tagelang auf Luther-Spurensuche begeben. Wichtigstes Ziel ist dabei ohne Zweifel das aufwendig renovierte Geburtshaus.

Die Ausstellung widmet sich der Herkunft, Kindheit und Jugend des Reformators und der Bau- und Wirkungsgeschichte des Hauses. Nicht weit entfernt finden wir die Kirche Sankt Petri und Pauli, in der der kleine Martin schon einen Tag nach seiner Geburt getauft wurde. Die Sankt Andreaskirche ist Schauplatz der letzten Predigten des großen Bibelübersetzers und Liederdichters.

Besonders beeindruckend das Sterbehaus am Andreaskirchplatz, seit 1894 Luther-Gedenkstätte und 1983 im Jubiläumsjahr auf 13 Ausstellungsräume erweitert. Im Obergeschoß des Hauses befindet sich das Zimmer, in dem der Reformator im Kreis weniger Vertrauter verschied. Eine Reise im Auftrag der Grafen von Mansfeld hatte ihn in die Heimatstadt geführt, die dann auch sein Sterbeort werden sollte. Im Sterbehaus befindet sich auch das berühmte Gemälde von Pape (1905), das den Sterbenden im Kreis seiner Freunde zeigt.

Übrigens ist Eisleben literarisch nicht nur als Lutherstadt von Interesse, auch die bekannteste Dichterin der frühen deutschen Mystik, Mechthild von Magdeburg, lebte zu Beginn des 13. Jahrhunderts im Zisterzienserinnenkloster in Helfta, heute ein Stadtteil von Eisleben.

Literarische Bezugspunkte: Luthers Geburtshaus, Luthers Sterbehaus, Sankt Petri-Pauli-kirche (Taufkirche), Sankt Andreaskirche, Sankt Annenkirche, Lutherdenkmal, Heimatmuseum.

Weitere Sehenswürdigkeiten: Historischer Innenstadtkern

ℹ️ Eisleben-Information, Hallesche Str. 6, 06295 Lutherstadt Eisleben
Tel. 0 34 75/60 21 24, Fax 60 26 34

Erkner

VIER ECKSTEINE FÜR EIN LEBENSWERK

Die Industriegemeinde Erkner im Südosten Berlins war von 1885 bis 1889 Wohnsitz Gerhart Hauptmanns. Der lungenkranke junge Bildhauer fand hier zu seiner eigentlichen Lebensaufgabe als Schriftsteller. »Mit der märkischen Landschaft aufs innigste verbunden, schrieb ich dort 'Fasching', 'Bahnwärter Thiel' und mein erstes Drama 'Vor Sonnenaufgang'. Die vier Jahre sind sozusagen die vier Ecksteine für mein Werk geworden.«

Gerhart-Hauptmann-Literaturmuseum

Ort und Menschen gaben den Hintergrund für viele Werke Hauptmanns. So liegt der Novelle »Fasching« (1887) ein Unglücksfall zugrunde, bei dem im Februar 1887 eine dreiköpfige Familie im Flakensee ertrank. Auch in der Diebeskomödie »Der Biberpelz« (1893) und in seiner Fortsetzung »Der Rote Hahn« (1900) tragen die handelnden Gestalten Züge damaliger Bewohner der Villa in Erkner, und in den »Einsamen Menschen« (1891) wird sie selber zum Schauplatz der Handlung, auch wenn ein Landhaus am Müggelsee in Friedrichshagen als Handlungsort genannt wird.

Seit 1987 beherbergt das alte Haus ein Literaturmuseum für Gerhart Hauptmann — das einzige in der Bundesrepublik. (Das Sommerhaus des Dichters auf Hiddensee ist schon seit 1956 als Gedenkstätte eingerichtet.) Das Museum verbindet die Elemente des Memorials (der mit authentischen Sachzeugen wiederhergestellten Dichterwohnung) mit denen eines biographisch-kulturhistorischen Museums, in dem ein umfassender Überblick über Leben und Werk im Zusammenhang mit den sozialen, politischen, kultur- und literaturgeschichtlichen Strömungen seiner Zeit vermittelt wird. Dabei ist die Biographie mit der Werk- und Wirkungsgeschichte verbunden worden, zu der auch zahlreiche bildkünstlerische Arbeiten von Käthe Kollwitz, die 1887 Gast Hauptmanns in Erkner war, Heinrich Vogeler, Heinrich Ehmsen, Charlotte E. Pauly, Johannes M. Avenarius u.a. gehören.

Erlebnismäßiger Höhepunkt sind die drei Wohnräume der alten Villa Lassen, insbesondere das Arbeitszimmer mit dem Mobiliar des Agnetendorfer Arbeitsraums. Ein Forschungsarchiv mit über 30.000 Bestandseinheiten bietet vielfältige Möglichkeiten, sich mit Hauptmann und seinem Werk auseinanderzusetzen.

Literarische Bezugspunkte: Grab von Marie Heinze (»Mutter Wolffen«) auf dem nahegelegenen Friedhof; in Grünheide (4 km) die Wohnhäuser von Georg Kaiser und Ernst Rowohlt, in Kagel (12 km) das Wohnhaus des S.-Fischer-Lektors Moritz Heimann.

Weitere Sehenswürdigkeiten: Rathaus, früher Sommervilla des Klavierfabrikanten Carl Bechstein, Heimatgeschichtliche Sammlung in einem Pfälzer Kolonistenhaus des 18. Jahrhunderts.

ℹ️ Gemeindeverwaltung Erkner, Kulturamt, Friedrichstr. 53a, 15537 Erkner, Tel. 0 33 62/45 12

Eschwege

Frau-Holle-Brunnen

VON DER »ALTEN BURSCHENHERRLICHKEIT« ZUM BEDEUTENDEN DRAMATIKER

Eschwege, Kreisstadt und Mittelpunkt des hessischen Werralandes, hat in der deutschen Literaturtopographie gleich mehrere Höhepunkte zu bieten. So ist die etwa 25.000 Einwohner zählende Stadt nicht nur historischer Ausgangspunkt der über Hessen hinaus bekannten Sage von den Wichteln, die als Schuhmacher einem armen Meister aus der Not halfen, sondern auch Geburtsstadt eines Liedklassikers aus dem letzten Jahrhundert. In der Brückenstraße erinnert noch heute eine Gedenktafel an Eugen Höfling, den Verfasser des Studentenliedes »O alte Burschenherrlichkeit«. Höfling war viele Jahre als königlicher Sanitätsrat in Eschwege tätig und starb dort am 21. Juli 1880. Seine vielfältigen medizinischen, politischen und historischen Veröffentlichungen verhalfen ihm zu großem Ansehen im damaligen Wissenschaftsbetrieb.

Wie segensreich Höflings Wirken sich noch nach vielen Jahrzehnten gestalten sollte, konnte er kaum ahnen. Der Vater des Bundespräsidenten Gustav Heinemann, Otto Heinemann, hatte als kleiner Junge im Hause Höflings wertvolle Anregungen erhalten, die sicher auch die Erziehung des Sohnes beeinflußten. Otto Heinemann war mit dem jüngsten Sohn Eugen Höflings befreundet gewesen und im Hause des Sanitätsrates ein- und ausgegangen.

Auch in unserem Jahrhundert hat Eschwege als Geburtsort des Dramatikers Rolf Hochhuth Spuren in der Literaturgeschichte aufzuweisen. Hochhuth, Autor vieler zeitkritischer Stücke, erblickte 1931 in der Hindenlangstraße das Licht der Welt. Eine Ausbildung im Buchhandel sowie die Tätigkeit als Verlagslektor führten schließlich zur Existenz des freien Schriftstellers, dessen Interpretationen geschichtlicher Ereignisse aufgrund ihres ethischen Rigorismus stets umstritten blieben.

Natürlich finden wir in Eschwege schließlich auch einen Ausläufer der Grimmschen Sagenwelt, deren Schauplätze man allerdings bevorzugt um den Meißner herum suchen muß. Im Hof des alten Landgrafenschlosses steht der Frau-Holle-Brunnen, der an das wunderschöne Märchen erinnert. So bietet sich Eschwege ebenfalls als Station einer Spurensuche in die verwunschene Welt des Frau-Holle-Mythos im Werra-Meißner-Kreis an.

Literarische Bezugspunkte: Frau Holle-Brunnen, Gedenktafel für Eugen Höfling in der Brückenstraße 25, Geburtshaus von Rolf Hochhuth, Hindenlangstraße 4.

Weitere Sehenswürdigkeiten: Landgrafenschloß, Historisches Rathaus, Fachwerkhäuser 17./18. Jhdt., Altstädter und Neustädter Kirche (Gotik).

ℹ Verkehrsbüro, Hospitalplatz 16, 37269 Eschwege,
Tel. 0 56 51 / 30 42 10

Johann Heinrich Voss in Eutin

Voß-Haus Eutin

In den Jahren zwischen 1780 und 1800 war die »kleine Residenz« Eutin unter der Regierung Herzogs Peter Friedrich Ludwig von Oldenburg ein überregionales geistiges und kulturelles Zentrum. Hauptpersonen des literarischen Lebens in Eutin waren der am Hofe tätige Friedrich Leopold Graf zu Stolberg und vor allem Johann Heinrich Voß (1751-1826), der während seines Eutiner Aufenthaltes von 1782 bis 1802 seine Hauptschaffenszeit hatte. Um beide scharte sich ein Kreis angesehener Männer, u.a. der Philosoph Friedrich Heinrich Jacobi.

Voß wurde auf Initiative seines früheren Hainbund-Bruders Graf zu Stolberg als Rektor an die Eutiner Lateinschule berufen. Hier konnte er sich neben seiner Lehrtätigkeit seinem literarischen Schaffen widmen. Von 1775 bis 1799 gab er einen hochgeschätzten Musenalmanach heraus. Voß' bedeutendstes poetisches Werk ist die Idyllendichtung »Luise«, die 1795 in Königsberg erschien, sie wurde ein Bestseller und erlebte in kurzer Zeit viele Neuauflagen. In ihr spielt die Landschaft zwischen Eutin und Malente (Grünau genannt) eine wesentliche Rolle. Noch immer sind einzelne bezaubernde Landschaftsteile in Eutin, in Malente und am Kellersee, so der »Luisenborn« im Prinzenholz, wo das »Fest im Walde« gefeiert wurde, anhand der »Luise« wiederzufinden.

Die Leistung Voß', die in der deutschen Kulturgeschichte die nachhaltigste Wirkung hatte, ist die 1793 in vier Bänden erschienene Übersetzung von Homers Ilias und Odyssee. Sie entstand ebenfalls in Eutin. Voßens Übersetzung zeichnet sich durch gleiches Versmaß, gleiche Verszahl und getreuen Wortlaut im Vergleich zum Original aus. Sie hatte großen Einfluß auf die literarische Klassik und das Bildungsbürgertum. Hinweise auf Voßens Eutiner Zeit finden sich an verschiedenen Stellen im Orte. Bei Stadtführungen wird das Eutin der Zeit um 1800 besonders vorgestellt.

In Eutin wurde 1786 der Komponist Carl-Maria von Weber geboren. Bei einem Besuch in seiner Geburtsstadt lernte er 1802 J.H. Voß kennen. Seit 1951 finden auf der Freilichtbühne im Schloßpark die »Eutiner Sommerspiele« statt, 1994 wieder mit v. Webers »Der Freischütz«.

Literarische Bezugspunkte: Voß-Haus mit »Luisen-Zimmer«; Grab des Goethe-Malers Wilhelm Tischbein auf dem Friedhof an der Plöner Straße; Ostholstein-Museum mit Schwerpunkt »Eutin zur Goethe-Zeit« (u.a. Voß, v. Weber, Tischbein).

Weitere Sehenswürdigkeiten: Schloß; historische Innenstadt mit Markt und Stolbergstraße, Geburtshaus von C.M. von Weber; Uklei-See.

ℹ Fremdenverkehrsamt im Haus des Kurgastes, Bleekergang, 23701 Eutin
Tel. 0 45 21/31 55, Fax 35 97

Frankfurt (Oder)

Kleist-Museum

GEBURTSSTADT DER »FACKEL PREUSSENS«

In Frankfurt an der Oder dichtete nicht nur Ulrich von Hutten 1506 als Student sein »Loblied auf die Mark«, hier starb auch der Lyriker Ewald Christian von Kleist 1759 nach der Schlacht bei Kunersdorf, hier stieß Theodor Fontane 1863 auf seinen »Wanderungen« mit dem Dampfschiff vom Kai ab, und in dieser Stadt machten Gottfried Benn 1903 und Klabund 1909 am Friedrichsgymnasium ihr Abitur. Zu literarischem Weltruhm jedoch gelangte Frankfurt an der Oder mit Heinrich von Kleist (1777-1811), der als modernster deutscher Klassiker gilt. Kleist verlebte in der Garnison- und Messestadt im Odertal, das »besonders bei Frankfurt sehr reizend« ist (Kleist), seine Kindheit.

Nach sieben Jahren Militärzeit kam er 1799 nach Frankfurt zurück und studierte hier, ganz im Banne der aufklärerischen Bildungsidee, Mathematik, Physik, Logik, Latein, Kulturgeschichte und Jura. Kleist verlobte sich 1800 inoffiziell mit Wilhelmine von Zenge. An sie und die Lieblingsschwester Ulrike, mit der er in der Familienkutsche Reisen in die Umgebung und ins Riesengebirge unternahm, schrieb er viele Briefe.

Das Geburtshaus Kleists wurde 1945 zerstört. 1969 erfolgte die Gründung der Kleist-Gedenk- und Forschungsstätte in der ca. 100 Meter entfernten ehemaligen Garnisonschule, Faberstraße 7, an der Oder, vor der Kaserne, in der Kleists Vater von 1750 bis 1788 diente. Die Gedenk- und Forschungsstätte beherbergt eine ständige Ausstellung in 5 Räumen zu Leben, Werk und Wirkung des Autors; Ein Skulpturengarten und Wechselausstellungen ergänzen das Schau-Angebot. Hinzu kommen Sammlungen (Bibliothek, Bild- und Theaterarchiv), die Herausgabe wissenschaftlicher (»Beiträge zur Kleist-Forschung«) und populärer Schriften, (z.B. Schriftenreihe »Frankfurter Buntbücher« = literarische Miniaturen Brandenburgs) sowie die Organisation von Veranstaltungen. Öffnungszeiten: Di. 10-18 Uhr, Mi.-So. 10-17 Uhr; bei Führungen ist Voranmeldung unter der Telefonnummer 03 35/2 31 85 erforderlich.

Literarische Bezugspunkte: Gertraudenpark: Grabmal von Kambly (Obelisk, 1778) für E.Ch. von Kleist; daneben Grabmal für J.G. Daries (Schadow, 1796) und Denkmal von v. Elster (1910) für H.v.Kleist. Gubener Str. 13a: Friedrichsgymnasium; Gubener Str. 21a: Pension Benns und Klabunds; Oderstr. 25: Gedenktafeln für H.v.Kleist; gegenüber Skulptur »Für H.v.Kleist« v.W. Förster (1977); Forststr. 1: Wohnhaus H.D. Zschokkes.

Weitere Sehenswürdigkeiten: Kulturhist. Museum Viadrina im ehem. Junkerhaus; Museum Junge Kunst im gotischen Rathaus; Marienkirche (größte norddeutsche Backstein-Hallenkirche als Halbruine; Konzerthalle i.d. ehem. gotischen Franziskanerkirche (Taufkirche H.v.Kleists).

ℹ️ FVV Frankfurt (Oder), Logenstr. 2, 15230 Frankfurt (Oder)
Tel.: 03 35/5 53 65 14

AUF FONTANES SPUREN DURCH'S RUPPINER LAND

Stechlinsee

»... Im Norden der Grafschaft Ruppin, hart an der mecklenburgischen Grenze, zieht sich von dem Städtchen Gransee bis nach Rheinsberg hin und noch darüber hinaus eine mehrere Meilen lange Seenkette durch eine menschenarme, nur hie und da mit ein paar alten Dörfern, sonst aber ausschließlich mit Förstereien, Glas- und Teeröfen besetzte Waldung ...«. So beschrieb Theodor Fontane den Norden des Ruppiner Landes, das er begeistert durchwanderte. Zum ersten Mal bereiste Fontane 1873 die Region. Die hier gesammelten Eindrücke bildeten später nach seiner eigenen Meinung die besten Kapitel in seinen »Wanderungen durch die Mark Brandenburg«.

Zu den Vorzügen dieses Landstückes gehört es, daß der Mensch sich sehr behutsam ansiedelte, die Natur zu seinem Partner machte und sie nicht unterwarf. Die Begeisterung, die Fontane vor über 100 Jahren für diese wunderschöne Gegend empfand, können Besucher auch heute noch nacherleben, wenn sie Zeit zum Genießen mitbringen. In sauberer Luft, auf ruhigen Waldwegen und an glasklaren Seen kann die Hektik des Alltags vergessen werden. Besonders geeignet dafür ist der durch Fontane berühmt gewordene Stechlinsee. Ihm setzte der Schriftsteller durch seinen Roman »Der Stechlin« ein besonderes Denkmal. Und verdient hat es der See auch heute noch, denn eine Sichttiefe von 12m ist schon etwas Einmaliges.

Aber es war nicht nur die Landschaft, für die sich Fontane in seinen »Wanderungen« begeisterte, es waren ebenso die einfachen Menschen, die interessanten Geschichten der feudalen Familien, kleinen Orte und Städte sowie die vielen Schlösser und Herrenhäuser. Sie sind auch heute noch vorhanden, aber oft seit Jahren unbewohnt. In zauberhafter Landschaft gelegen, kann man ihre ursprüngliche Schönheit noch ahnen.

Die Reisen Theodor Fontanes in die reizvolle Gegend um Gransee vollzogen sich auf beschwerlichen Wegen. Heute ist es weitaus leichter, per Bundesstraße (B96 und B167), Autobahn oder aber auf der Eisenbahnlinie Berlin-Rostock in die Region zu gelangen. Für Gäste, die sich auf Fontanes Spuren begeben und den Kreis kennenlernen möchten, stehen übrigens 600 km gekennzeichnete Wanderwege zur Verfügung.

Literarische Bezugspunkte: s. Faltblatt des Touristik-Verbandes Gransee e.V.

Weitere Sehenswürdigkeiten: Gransee: Stadtbefestigung mit »Ruppiner Tor« und »Pulverturm«, St. Marien, Luisendenkmal, Wartturm; Fürstenberg: Schloß, Alte Burg, Stadtkirche; Neuglobsow: Glashüttenarbeiterhäuser; Ortsteil Dagow: Alter Friedhof mit dem von Fontane beschriebenen Grabgewölbe Metas-Ruh.

 Touristik-Verband des Kreises Gransee e.V., Am Bahnhof, 16798 Fürstenberg, Tel.: 03 30 93/22 54

Fürth

Jakob Wassermann

FÜRTH UND JAKOB WASSERMANN

Gemeinhin wird Fürth mehr als Industrie- und Handelsstadt angesehen, denn als Stätte der Literatur. Daß der Gegensatz heute noch so lebendig empfunden wird, verdankt die Stadt Fürth einem Diktum ihres bedeutendsten literarischen Sohnes, des Schriftstellers Jakob Wassermann, geboren in Fürth am 10. März 1873, gest. am 1. Jan. 1934. Er charakterisiert in seiner Autobiographie »Mein Weg als Deutscher und Jude« Fürth als die Stadt des Rußes, der 1000 Schlöte, des Maschinen- und Hämmergestampfes«, und dieser Spruch hat sich, auch bei den Fürthern selbst, festgesetzt. Zu Zeiten Wassermanns waren die Höfe der Häuser in der Tat erfüllt vom Lärm kleinerer Fabrikationsbetriebe in Hinter- und Nebenhäusern.

Wassermanns Geburtshaus stand in der von Stilformen aus der Ansbacher Markgrafenzeit geprägten Alexanderstraße. Die Straßen, in denen die Familie während seiner Kinder- und Jugendzeit wohnte, bestehen heute noch genau in ihrer alten Bebauung.

Trotzdem ist für Wassermanns Schilderung sicherlich nicht nur die örtliche Umgebung Auslöser gewesen. Schließlich waren es seine Fürther Jahre, in denen er seine Mutter — die auf dem Alten Israelitischen Friedhof begraben liegt — durch deren frühen Tod verlor, dann unter das Regiment einer strengen und stets vom Vater unterstützten Stiefmutter geriet, die das aufbrechende Talent zum Fabulieren zu unterdrücken versuchte. Die Realschule, die er besuchte, förderte seine Neigungen ebensowenig, wie aus Passagen seines Romanes »Die Juden von Zirndorf« zu schließen ist. Andererseits hat er von Fürth aus mit gleichgesinnten Kameraden weite Wanderungen in die Umgebung gemacht und dabei die fränkische Landschaft kennen und schätzen gelernt. Ihre Schilderung prägt ihrerseits wieder die frühen Werke wie »Die Juden von Zirndorf«, »Kaspar Hauser« und »Das Gänsemännchen«. 1889 verließ Jakob Wassermann Fürth in Richtung Wien, um bei seinem Onkel ins Geschäft einzutreten. Erst 1926 war er wieder für eine Lesung im Berolzheimerianum in Fürth. In dieser Zeit war er nach Thomas Mann der meistgelesene Autor im renommierten S. Fischer Verlag. Die Stadt Fürth hat eine Straße nach ihm benannt.

Literarische Bezugspunkte: Jakob-Wassermann-Straße, Alexanderstraße, Alter Israelitischer Friedhof Bogenstr./Schlehenstr., Synagoge Hallemannstr. 1-3, Blumen-, Hirschen-, Pfister-, Theaterstr.

Weitere Sehenswürdigkeiten: Schloß Burgfarrnbach mit Stadtarchiv, -bibliothek und -museum, Hornschuchpromenade, Stadttheater.

 Stadt, Wirtschaftsförderung, Königstr. 114, 90763 Fürth
Tel. 09 11/974-12 92

Görlitz

Deutschlands erste Renaissancestadt

In ihre Städtebilder vom »Alten Reich« nahm Ricarda Huch auch die Stadt Görlitz auf. Sie nennt den großen Baumeister Wendel Roskopf (um 1480-1549). Er gab Görlitz das Gepräge der ersten Renaissancestadt Deutschlands und »schuf in dem neuen Stil stattliche und harmonische Gebäude, die trotz ihres italienischen Charakters sich zu gotisch aneinandergedrängten, voll ausgefüllten, malerischen Gruppen zusammenfügen. Wenn die glückliche Anlage der beiden Märkte das Bild der Stadt im allgemeinen bestimmt, so ist das Rathaus am Untermarkt ihr Herz, ihr Kleinod und Wahrzeichen.« Hier am Untermarkt erwarb Jakob Böhme (1575-1624) eine »Schuhbank« zum Verkauf seiner

Johannes Wüsten, Selbstbildnis
mit der Stadt Görlitz
im Hintergrund

Produkte, als er sich 1599 in Görlitz niederließ. Und noch heute zeigt sich die mittelalterliche Stadt so, wie der »Theosoph, Visionär und Mythenschöpfer« sie erlebte. Der Schuster von Görlitz, der »als erster in der Geschichte des neuzeitlichen Denkens die Entdeckung (machte) ... es könne alles sich nur durch ein anderes, durch den 'Gegenwurf' offenbaren« (Nikolai Berdjajew, 1932), wurde zur bedeutendsten Persönlichkeit der Stadt — ein »Görlitz-Lobbyist sozusagen, der die Interessen seiner Vaterstadt im Sinne des Weltruhms vertritt«, wie ein anderer Görlitzer respektvoll anmerkt: der unvergessene Kabarettist Werner Finck.

Stationen auf den Spuren Böhmes könnten sein: die mittelalterliche Stadtkulisse in ihrer Ganzheit; der Gedenkstein auf dem Nikolaifriedhof — einem der schönsten Bergfriedhöfe Deutschlands —; das Wohnhaus, in dem erste Gedanken zur »Aurora« ihn bewegen (unmittelbar an der Neiße im Ostteil der Stadt, der heute Zgorzelec heißt, gelegen); aber auch der Böhme-Bestand einer historischen Wissenschaftsbibliothek, deren Geschichte eng verbunden ist mit dem Wirken des 1779 von Karl Gottlob von Anton, dem Stammvater des deutschen Zweiges der Slawistik, gegründeten Oberlausitzischen Gesellschaft der Wissenschaften. Arno Schmidt, der in Görlitz die Oberrealschule besuchte, nannte die Lausitzen — eine Kleinlandschaft, die im Aufklärungszeitalter zu Weltwirkung kam — einen »Präzedenzfall« insofern, als hier »echte große Toleranz vorgelebt (wurde), in jeder Beziehung«. In unserem Jahrhundert ist das Werk des Malerschriftstellers Johannes Wüsten eng mit der Stadt verbunden.

Literarische Bezugspunkte: siehe oben

Weitere Sehenswürdigkeiten: St. Peter und Paul, Waidhaus, mittelalterliche Stadtbefestigungen, Schönhof, Heiliges Grab, Postplatz, Kreuzkirche, Warenhaus, Landeskrone

i Euro-Tour-Zentrum Görlitz, Obermarkt 29, 02826 Görlitz,
Tel. 03581/406999, Fax 405249

Goslar

GESICHTER EINER STADT

Breites Tor

Zahlreiche Besucher haben Goslar in verschiedenen Epochen aufgesucht und vom Leben dieser jetzt 1000jährigen Stadt und ihrer kaiserlichen sowie bergmännischen Geschichte samt den Sehenswürdigkeiten berichtet. Anhand dieser Beschreibungen erhält der Leser einen Überblick über die Entwicklung der Stadt und ganz nebenbei auch über die Transportmittel aus mehreren Jahrhunderten. Viele kamen auf Schusters Rappen nach Goslar, wobei der Harz das große Ausflugsziel bedeutete. Zu den berühmtesten Wanderern gehörten Johann Wolfgang Goethe, Heinrich Heine und nicht zuletzt Turnvater Friedrich Ludwig Jahn.

Das Haus in der Worthstraße 2 neben der Kaiserworth (Marktplatz) trägt eine Erinnerungstafel an Goethes Besuche. Des Dichters Blick galt allerdings nicht dem mittelalterlichen Goslar, das er als eine »in ihren Privilegien vermodernde Stadt« bezeichnete, sondern seinen geologischen Interessen und damit dem Rammelsberg. Auch Heinrich Heine läßt in seiner »Harzreise« kein gutes Licht auf Goslar fallen, zumal er in seinen vorbereitenden Studien andere Dinge vorfand als dann vor Ort. Angesichts des 1822-24 abgetragenen Domes schreibt er: »Wir leben in einer bedeutungsschweren Zeit: tausendjährige Dome werden abgerissen und Kaiserstühle in die Rumpelkammer geworfen.« Heute erinnert eine Gedenktafel an der übriggebliebenen Domvorhalle an Heines Besuch.

Ganz anders lesen sich die Goslar-Aufzeichnungen von Hans Christian Andersen aus dem Jahre 1831. Vielleicht hat Goslar ja ihm die zahlreichen dänischen Touristen zu verdanken, die schon seit Jahrzehnten hierherkommen.

Während die meisten Autoren nur kurzweilige Gäste waren, verbrachte Ernst Jünger drei Jahre (1933-36) in der für seine Frau »schönsten und liebenswertesten Stadt des Harzes«. »Ihre alten Türme, die winkligen Häuser und Gassen, die Brunnen und Plätze unter den grauen Schieferdächern, verhießen ein ruhiges Leben, jenseits des verwirrenden und betäubenden Rhythmus, der Berlin erfüllt.« Dieses Bild der vom II. Weltkrieg verschont gebliebenen Stadt und die zahlreichen Zeugen und Kunstschätze der verschiedenen Epochen ziehen heute Tausende von Touristen an.

Literarische Bezugspunkte: Marktplatz, Rathaus, Domvorhalle, Kaiserpfalz, Rammelsberg (s. auch: Hans Hahnemann, Goslar im Spiegel der Literatur, Clausthal-Zellerfeld, 2. Auflage 1980).

Weitere Sehenswürdigkeiten: Historische Altstadt mit Stadtbefestigung, Marktkirche, Neuwerk-, Jakobi- und Frankenberger Kirche, Großes Heiliges Kreuz, St. Annenkapelle, Goslarer Museum mit Lohmühle, Siemenshaus, Zinnfigurenmuseum, Achtermann, Rammelsberger Bergbaumuseum, Mönchehaus, Museum für moderne Kunst.

 Kur- und Fremdenverkehrsgesellschaft (KFG), Markt 7, 38640 Goslar
Telefon 0 53 21/28 46-47

BARLACH, BRINCKMAN UND JOHNSON

»Es ist so schön, daß niemand darum weiß. Für die Welt bin ich nun einmal der Bildhauer«, schrieb Barlach 1917 über seine Dramen, und auch in seiner langjährigen Wahlheimat Güstrow gewinnt der Besucher der Gertrudenkapelle zunächst ein eindrucksvolles Bild vom plastischen Schaffen Barlachs. Doch

Gertrudenkapelle

schon das sakrale Umfeld so bekannter Plastiken wie »Der Zweifler«, »Der lesende Klosterschüler«, »Der Wanderer im Wind« oder »Die Gefesselte Hexe« erinnert den Literaturinteressierten an das dramatische Schaffen Barlachs.

Das 1921 in den Hamburger Kammerspielen uraufgeführte Schauspiel »Die Echten Sedemunds«, eine Satire auf Kleinstadtwirklichkeit, ist wohl Barlachs am meisten »güstrow-typisches« Volksschauspiel. Gab es 1986 eine erfolgreiche Premiere dieses Dramas durch das Mecklenburgische Staatstheater Schwerin in Güstrow, so erlebten schon 1948 mit »Die Sündflut« und 1965 mit dem »Armen Vetter« zwei seiner Stücke Premiere im Güstrower Theater, das seit 1957 den Namen Ernst Barlachs trägt. Nach einem anregenden Stadtrundgang, bei dem die Besichtigung des Domes mit dem »Schwebenden« nicht vergessen werden sollte, erhält der interessierte Besucher im Atelierhaus am Heidberg, Arbeitsstätte Barlachs seit 1930, einen Einblick auch in das graphische und dramatische Schaffen dieses Künstlers, der von 1910 bis zu seinem Tode 1938 in Güstrow lebte.

Doch bevor Barlach den Güstrow-Besucher ganz gefangen nimmt, sei auf zwei weitere Dichter verwiesen, deren Werk und Leben eng mit Güstrow verbunden sind: John Brinckman, der von 1849 bis zum Tode 1870 in Güstrow lebte und arbeitete, sowie Uwe Johnson, der von 1946 bis 1952 in Güstrow wohnte. Mit seinen plattdeutschen Erzählungen und Gedichten zählt Brinckman neben Klaus Groth und Fritz Reuter zu den niederdeutschen Klassikern. Johnsons Werke, unter anderem »Mutmaßungen über Jakob« und die »Jahrestage« sind heute weit mehr Güstrowern als seinen ehemaligen Kommilitonen und Lehrern bekannt. Orte der Berührung mit dem literarischen Schaffen von Barlach, Brinckman und Johnson sind auch die Kreisbibliothek im Schloß, die Bibliothek des Stadtmuseums sowie die Opitz- und die Kerstingbuchhandlung.

Literarische Bezugspunkte: Ernst-Barlach-Museen (Gertrudenkapelle, Atelierhaus am Inselsee); Wohnhaus Brinckmans Hansenstr. 19, Grabstätte Brinckmans auf dem Friedhof, Voß-un-Swinägel-Brunnen.

Weitere Sehenswürdigkeiten: Renaissance-Schloß, Marktplatz mit Bürgerhäusern, Pfarrkirche, Dom, Stadtmuseum, Kerstinghaus.

 Güstrow-Information, Gleviner Str. 33, 18273 Güstrow, Tel. 0 38 43/6 10 23

Rattenfänger-Freilichtspiele

DIE RATTENFÄNGERSTADT

»Im Jahre 1284 ließ sich zu Hameln ein wunderlicher Mann sehen. Er hatte einen Rock von vielfarbigem, buntem Tuch an und gab sich für einen Rattenfänger aus, indem er versprach, gegen ein gewisses Entgelt die Stadt von allen Ratten zu befreien...« (Brüder Grimm »Deutsche Sagen«), aber es kam ganz anders!

Wer kennt sie nicht, die weltbekannte Sage vom Rattenfänger von Hameln, der am 26. Juni 1284 hundertdreißig Kinder durch das Ostertor entführte? Bis zum heutigen Tage sind sich die Geschichtsforscher allerdings uneins über die historischen Hintergründe, und so waren und sind in allen Jahrhunderten der Spekulation und Phantasie Tür und Tor geöffnet, was dem Ruf des unter dem eigenartigen Prädikat »Rattenfängerstadt« weltweit bekannten Ortes an der Weser aber immer nur dienlich war, und so leuchten die Augen von Millionen und Abermillionen Kindern in allen Erdteilen stets aufs neue, wenn die Geschichte vom Rattenfänger von Hameln erzählt wird, und ist es da ein Wunder, daß selbst japanische oder afrikanische Kinder davon träumen, einmal den Ort zu sehen, an dem sich die wunderliche Geschichte ereignete? Nur wenige wissen, daß lange vor dem Erfolg des »Made in Germany« die Grimmschen Märchen als kulturelle Exportschlager längst verbreitet waren. Hameln trägt dem weltweiten Kulturimage auf sympathische und erfolgreiche Weise Rechnung: Von Mitte Mai bis Mitte September wird die Sage als Rattenfänger-Freilichtspiel jeden Sonntag um 12.00 Uhr auf der Hochzeitshaus-Terrasse vor Tausenden von Touristen aufgeführt. Etwa 80 Laiendarsteller präsentieren sich als Stadtväter, Bürgerfrauen, Kinder und Ratten des Jahres 1284 in prächtigen Kostümen, und Jung und Alt verfolgen gespannt, wie es zum Auszug der Hämelschen Kinder kam. Aber nicht nur die Spiele sind Anziehungspunkt für Touristen aus aller Welt. Hameln hat eine wunderschöne historische Altstadt, deren besondere Merkmale die herrlichen Weserrenaissancebauten sind. In der Fußgängerzone verschmelzen moderne Geschäftsstraßen und historische Kultur- und Baudenkmäler zu einer lebendigen Einheit. Dem Kulturreisenden wird Hameln als Geburtsort von Goethes Freund Karl Philipp Moritz, dem Verfasser des ersten psychologischen Entwicklungsromans der Literaturgeschichte (»Anton Reiser«) bekannt sein. Werke des Schriftstellers bewahrt das Hamelner Museum (Museumsbibliothek) im Leisthaus.

Literarische Bezugspunkte: Altstadt

Weitere Sehenswürdigkeiten: Altstadt (insbesondere Hochzeits- und Rattenfängerhaus, Leist'sches Haus und Stiftsherrenhaus).

 VV Hameln e.V., Tourist-Information, Deisterallee und Osterstr. (Hochzeitshaus), 31785 Hameln, Tel. 0 51 51/20 26 17-8, Fax 20 25 00

VATERSTADT DER BRÜDER GRIMM

Unter den vielen deutschen Städten, die die Familie Grimm mit Stolz für sich in Anspruch nehmen können, ragt die Geburtsstadt der in aller Welt bekannten Märchensammler und Sprachwissenschaftler deutlich hervor. Hanau markiert den Beginn ihres Lebensweges. »Am Paradeplatz, wenn man vom 'Weissen Löwen' an hinaufgeht, etwa im zweiten oder dritten Haus der Reihe oben«, so beschreibt der 73-jährige Jacob Grimm in liebevoller Erinnerung in einem Brief den Standort des Elternhauses. 1945 fiel das Geburtshaus dem Bombenhagel zum Opfer, und nur noch ein Gedenkstein an der Südseite des Freiheitsplatzes deutet auf die frühere Lage hin.

Brüder-Grimm-Denkmal

Es sind einfache, aber einprägsam-stimmungsvolle Bilder, die uns Jacob und Wilhelm Grimm aus ihren Hanauer Kindertagen hinterlassen haben. Im meist leeren Besuchszimmer im Haus in der Langen Gasse malten sie auf der Tapete den schießenden Jägern Bärte an, oder sie hielten sich gern im engen Hof auf. Ein paarmal in der Woche gingen sie zu den Großeltern.

Das Wahrzeichen der Grimm-Erinnerung in Hanau ist inzwischen das noch im letzten Jahrhundert (1896) enthüllte Nationaldenkmal der Brüder Grimm, das die beiden bekanntesten Mitglieder der Familie, Jacob und Wilhelm, in wissenschaftlich-nachdenklicher Pose zeigt. Hier beginnt die Deutsche Märchenstraße, die bis hinauf nach Bremen den Schauplätzen und Bezugspunkten der einzigartigen Märchensammlung von Jacob und Wilhelm Grimm nachspürt.

Zwar weniger bekannt als die Märchensammlung, aber von nicht minderer Bedeutung, ist der Beitrag der Brüder Grimm zur deutschen Sprachwissenschaft und ihr Eintreten für Recht und Verfassung, was 1837 im Fall der »Göttinger Sieben« zu ihrer Amtsenthebung führte.

In die Hanauer Kinderjahre fiel für das zeitlebens unzertrennliche Brüderpaar auch der erste Unterricht. Bei einer Schwester des Vaters lernten sie das ABC, das Einmaleins und natürlich den Katechismus kennen. Im Brüder-Grimm-Raum im Hanauer Museum Schloß Philippsruhe wird in einer ständigen Ausstellung an die berühmtesten Söhne der Stadt erinnert.

Literarische Bezugspunkte: Brüder-Grimm-Denkmal, Brüder-Grimm-Raum im Schloß Philippsruhe, Gedenkstein gegenüber Grimm-Geburtshaus.

Weitere Sehenswürdigkeiten: Schloß Philippsruhe (Skulpturenpark), Historische Kuranlagen Wilhelmsbad mit Puppenmuseum und Comoedienhaus, Schloß und Altstadt Steinheim, Deutsches Goldschmiedehaus.

[i] Amtliches Verkehrsbüro, Am Markt 14, 63450 Hanau, Tel. 06181/252400, Fax 295602

HANNOVER LITERARISCH

Hölty-Denkmal

Niedersachsens Landeshauptstadt hat neben ihrer geschichtlichen Bedeutung als Zentrum des Königreichs Hannover ebenso literarisches Interesse verdient — und dieses auch bei anderen geweckt: Heinrich Heine, der in seinem Zyklus »Deutschland. Ein Wintermärchen« manche Stadt literarisch bedachte, bescheinigte der Leinemetropole in der ihm eigenen liebevoll-spöttischen Art die außergewöhnliche Reinlichkeit der Straßen und Gassen mit dem Ausruf: »Mein Gott, da sieht es sauber aus!«, ein Kompliment, das das Herz jeder Kommune noch immer höher schlagen läßt. Doch nicht nur über, sondern auch in Hannover wird und wurde geschrieben. Ein eigens ausgearbeiteter Stadtrundgang auf den Spuren von Personen, die in Hannover geboren wurden, hier wirkten oder auf andere Weise literarischen Ruhm in Hannover erlangten, führt heute zu den sorgfältig ermittelten Schauplätzen und Bezugspunkten dieser kulturellen Vergangenheit. Der Rundgang beginnt auf dem Nikolaifriedhof am Denkmal des in Hannover verstorbenen »Frühlingsdichters« Hölty, dessen »Üb' immer Treu und Redlichkeit...« zu den beliebtesten Volksliedern einiger Generationen gehörte, und er endet schließlich bei dem von Gottfried Benn literarisch verewigten »Weinhaus Wolf«.

Für viele überraschend dürfte die Beziehung Hermann Löns' zu Hannover sein. Als Redakteur hannoverscher Zeitungen begeisterte er viele Jahre eine große Leserschaft. Auch seine Spuren berührt der Rundgang.

Weitere Stationen der Spurensuche führen zu den Trägern großer Namen: so zu Wilhelm Busch, der hier studierte, zu Gottfried Wilhelm Leibniz, der als Hofbibliothekar seine grundlegenden philosophisch-mathematischen Ideen in Hannover entwickelte, zu den Brüdern Schlegel, dem Kirchenliederdichter Philipp Spitta, und schließlich in unserem Jahrhundert u.a. zu Gerrit Engelke, Theodor Lessing und Joachim Ringelnatz. Das beliebteste literarische Reiseziel jedoch dürfte nach wie vor das Grab von Charlotte Kestner geb. Buff auf dem Gartenfriedhof sein. Als »Lotte« setzte ihr der junge Goethe in »Werthers Leiden« ein unsterbliches Denkmal.

Literarische Bezugspunkte: Eine ausführliche Beschreibung der einzelnen Stationen bietet die Schrift: »Hannover literarisch« von Rainer Ertel. Sie ist bei der Hannover Information zu beziehen.

Weitere Sehenswürdigkeiten: Altstadt mit Marktkirche, Altem Rathaus, Fachwerkhäusern, Leibnizhaus und Flohmarkt an der Leine (Sa.); Neues Rathaus; Laves-Bauten wie Opernhaus, Leineschloß (Nds. Landtag) und Waterloosäule; Museen; Stadtwald Eilenriede mit Zoo und Tiergarten; Herrenhausen mit Großem Garten und Berggarten.

 Hannover Information, Ernst-August-Platz 2, 30159 Hannover
Tel. 05 11/30 14-22, Fax 30 14-14

MARKTSTADT IM NORDSEEWIND

Markenzeichen von Heide, der Kreisstadt Dithmarschens und Geburtsort Klaus Groths, ist der Markt. Mit dem 4,7 Hektar großen Platz hat alles begonnen. Dithmarschen war im Mittelalter eine Republik politisch selbständiger Kirchspiele, deren nördliche Vertreter sich 1434

Klaus Groth-Geburtshaus

erstmals nicht mehr im damaligen Hauptort Meldorf, sondern »uppe de Heide« bei Rüsdorf versammelten. Dabei blieb es fortan, denn der neue Versammlungsplatz lag wirtschaftsgeographisch ausgezeichnet. Der große Markt war Ausgangspunkt für die folgende Besiedlung — um ihn hat sich in Heide fortan alles gedreht. Er umfaßt sinnbildlich das Selbstbewußtsein der Dithmarscher, denn er verkörpert ihre eigenständige republikanische Geschichte. Die Markttradition ist niemals abgerissen, noch heute findet an jedem Sonnabend hier ein Wochenmarkt statt.

»Eenmal rund den Markt« lenkte bereits Klaus Groth, der hier 1819 geborene Wiederbegründer des Plattdeutschen als Literatursprache, seine Schritte. Den damals üblichen Sonntagsspaziergang, auch Jungfernstieg genannt, beschrieb Groth in seiner Erzählung. »Rundum um'e Heid gung he, meist an beiden Siden mit en Gröv vör Störtregen un Smutzwater. Alle Straten snee he af öwer Enn, dat man lanksehn kunn, oft bet op den Markt (...)« Dieser Rundgang markiert recht deutlich die Ausdehnung des Ortes bis vor gut 150 Jahren. Er führt von Groths Geburtshaus auf Lüttenheid entlang Neue Anlage — Hafenstraße — Mühlenstraße — Westerweide — Rosenstraße — Teichstraße (später Tannenstraße), vorbei am Nordfriedhof über die Österweide wieder nach Lüttenheid. Hier, im Abstand von 250 Metern zur Marktumbauung, war gleichsam als Kopie Klein-Heide entstanden, plattdeutsch »Lüttenheid«.

Kleine Handwerker waren es vornehmlich, die auf Lüttenheid wohnten. Von ihrer Lebenswelt und Wohnweise zeugt das Geburtshaus Klaus Groths, heute ein Kleinod unter den Literaturmuseen.

In seinen Gedichten geraten Groth die Erinnerungen an Lüttenheid zu sehnsüchtigen Bildern einer abgeschlossenen Kindheitsidylle, und für alte Heider verbindet sich des Dichters Kinderland noch mit Erinnerungen an die frühere Stadtlandschaft.

Literarische Bezugspunkte: Klaus-Groth-Museum, Groth-Gedenkstein (Wulf-Isebrand-Platz), Lüttenheid, Tellinstedt (»Min Jungsparadies«).

Weitere Sehenswürdigkeiten: St. Jürgen-Kirche und altes Pastorat, Marktplatz und Wochenmarkt, Museum f. Dithmarscher Vorgeschichte, Heider Heimatmuseum, Stammhaus der Familie Brahms, Postelheim, Dreigiebelhaus/Süderstraße, Ballhaus Tivoli, Wasserturm, Schuhmacherort, Kreistannen. Historische Feste: Heider Marktfrieden, Hahnebier.

 Verkehrsverein Heide und Umgebung e. V., Postelweg 1, 25746 Heide
Tel. 0481/699-117 u. -118

Heilbronn

Rathaus und »Käthchenhaus«

LITERARISCHE BLICKPUNKTE

Über 200 Jahre ist es her, daß der schwäbische Dichter und politische Rebell Christian Friedrich Daniel Schubart über Heilbronn sagte: »Wer Gold hat und zwanglos und gut leben möchte, dem wollt' ich Heilbronn anrathen!« Ähnlich begeistert äußerte sich auch Geheimrat Johann Wolfgang von Goethe über die Stadt und setzte ihr zudem noch mit seinem Jugendwerk »Götz von Berlichingen« ein literarisches Denkmal. Schließlich verbrachte der Ritter mit der eisernen Faust fast drei Jahre seines Kämpferlebens zu Heilbronn in »ritterlicher Haft«.

In aller Welt bekannt jedoch machte der Dichter Heinrich von Kleist den Namen der Stadt mit seinem Werk »Käthchen von Heilbronn«. Zwar ist bis heute nicht bekannt, weshalb Kleist Heilbronn in diesem Stück zum Handlungsort machte, dafür hat sich das Käthchen längst zu einer liebenswert personifizierten Botschafterin für ihre Stadt etabliert.

Beim Streifzug durch die Literatur trifft man im Zusammenhang mit Heilbronn allerdings noch auf weit mehr bemerkenswerte Namen. Da ist der geniale Schriftsteller und Dichter Wilhelm Waiblinger, 1804 zu Heilbronn geboren, der seiner Nachwelt acht Bände gesammelte Werke hinterließ. Gebürtiger Heilbronner ist auch der Dichter, Kunstkritiker und Politiker Ludwig Pfau, der als Gegner Bismarcks und Preußens sogar zeitweise hinter Gittern saß.

Theodor Heuss, erster Bundespräsident der Bundesrepublik Deutschland, Literat, Journalist und Politiker, war nicht nur Ehrenbürger der Stadt, er bezeichnete Heilbronn auch, obwohl in Brackenheim geboren, gern als seine Vaterstadt. Unvergessen ist der erst vor wenigen Jahren verstorbene Romancier und Essayist Otto Rombach und nicht zu übersehen der moderne Satiriker und Fernsehautor Herbert Asmodi.

Das vielleicht schönste Prädikat der Region stammt wohl von dem im nahen Lauffen geborenen Friedrich Hölderlin: »seeliges Land« nannte er seine Heimat.

Literarische Bezugspunkte: Städt. Museen Heilbronn, Käthchenhaus, Götzenturm, Bollwerksturm.

Weitere Sehenswürdigkeiten: Rathaus mit astronomischer Kunstuhr, Kilianskirche mit Hochaltar von Hans Seyfer, Kulturzentrum Deutschhof mit Deutschordensmünster, Hafenmarktturm, Weinbau- und Neckarschiffahrtsausstellung, Wein-Panorama-Weg am Wartberg, Stadttheater, Trappenseeschlößchen, Deutschordensschloß im Stadtteil Kirchhausen.

[i] Verkehrsamt Heilbronn, Marktplatz, 74072 Heilbronn
Tel. 0 71 31 / 56 22 70, Fax 56 31 40

THEODOR STORM IN HEILIGENSTADT

Storm-Denkmal

Bevor der zu seiner Zeit schon berühmte Dichter nach Heiligenstadt kam, verbrachte er 3 Jahre in Potsdam als Assessor im preußischen Justizdienst. In der Militärstadt fühlte Storm sich allerdings keineswegs wohl, und so trat er 1856 gern die ihm in Heiligenstadt im Eichsfeld zugewiesene Kreisrichterstelle an. Die Stadt sollte dem Husumer zur zweiten Heimat werden. Storm schreibt an Ludwig Pietsch: »Die Gegend ist überaus hübsch, ein treuherzlicher Menschenschlag, eine alte Stadt mit recht gebildeten Leuten und in und über allem die Gemütlichkeit der kleinen Stadt. Kommen Sie nur einmal her, es ist hier in der Tat reizend zu leben. Da ich nicht in Husum sein kann, so wünsche ich nur in Heiligenstadt zu sein.«

Storm fand in der wohltuenden Umgebung schließlich auch zu seinem literarischen Schaffen zurück. In Heiligenstadt entstanden u.a. die Novellen »Veronika«, die von der Palmsonntagsprozession in Heiligenstadt handelt, »Auf dem Staatshof«, »Späte Rosen«, »Drüben am Markt«, »Im Schloß« und das bis heute volkstümliche und in vielen Lesebüchern lebendige Gedicht »Von drauß' vom Walde komm ich her«. Am gesellschaftlichen Leben der Stadt nahm er aktiv teil und gründete, einer alten Leidenschaft entsprechend, einen Gesangverein.

Zwei seiner Töchter wurden in Heiligenstadt geboren und in der St. Martinkirche getauft. Als im Jahre 1864 aufgrund veränderter politischer Bedingungen die Rückkehr nach Husum möglich wurde, nahm Storm schweren Herzens Abschied von den Freunden in Heiligenstadt. In seiner Erinnerung jedoch gehören die 8 Jahre im Eichsfeld zu den besonders glücklichen Perioden seines Lebens.

Zum hundertsten Todestag des Dichters (1988) errichtete die Stadt zu seinen Ehren das Theodor-Storm-Denkmal und eröffnete ein Literaturmuseum.

Zwei weitere Namen der deutschen Kulturgeschichte sind mit Heiligenstadt ebenfalls eng verbunden: Tilman Riemenschneider, der um 1460 hier geboren wurde, und Heinrich Heine, der sich 1825 hier taufen ließ und damit als Jude sein »Entreebillett« für die europäische Gesellschaft erhoffte.

Literarische Bezugspunkte: Mainzer Haus (Literaturmuseum »Theodor Storm«), Theodor-Storm-Denkmal im Fußgängerbereich.

Weitere Sehenswürdigkeiten: 3 Gotische Kirchen, Jesuitenkolleg (Eichsfelder Heimatmuseum), Klausmühle (Geburtshaus Tilman Riemenschneiders), Altes Rathaus, Heinrich-Heine-Park mit Wasserfall.

 Verkehrsverein Heiligenstadt e.V., Wilhelmstr. 68, 0-5630 Heiligenstadt
Tel. 0 36 06/25 38

Helmstedt

EHEMALIGE BERÜHMTE UNIVERSITÄTSSTADT

Juleum, Hauptgebäude der ehemaligen Universität

Im Jahre 1576 wurde in Helmstedt als Auswirkung der Reformation die Alma Mater Julia gegründet. Sie gelangte zu Ansehen und zog viele berühmte Professoren (u. a. Conring, Caselius, Beireis, Calixt, Fabricius, Mosheim, Teller, Henke, Häbelin, Heister und Meibom) an. Viele Wohnhäuser dieser Professoren sind bis auf den heutigen Tag erhalten und mit Gedenktafeln bezeichnet. Die Wohnungen der Gelehrten dienten vielfach als Hörsäle. Die Professorenhäuser sind entsprechend restauriert und bilden einen Anziehungspunkt in der historischen Altstadt. Kein Geringerer als Giordano Bruno hielt sich in den Jahren 1589/90 in Helmstedt auf. Eine Gedenktafel bekundet, daß er im Haus Collegienstraße 7 gewohnt hat. Man vermutet, daß der Großteil seiner Schriften, die Bruno 1591 in Frankfurt am Main drucken ließ, hier konzipiert wurden. Die Universität, die bis 1810 in Helmstedt bestand, und ihre Professoren fanden immer wieder viel Interesse. So besuchte Johann Wolfgang von Goethe 1805 Professor Gottfried Christoph Beireis in Helmstedt und berichtete ausführlich über dieses Zusammentreffen. Ein weiteres literarisches Denkmal für die Stadt schuf Wilhelm Raabe 1862 mit seiner Novelle »Die alte Universität«. Zu Zeiten der Universität war das Theaterspiel wegen zu großer Ablenkungsgefahr für die Studenten mehr oder weniger verboten. Am 18. Juni 1815 wurde im Brunnental das Kurtheater, das der Wirt des »Gesundbrunnens«, Carl Julius Borchert, in Eigeninitiative erbauen ließ, mit dem Lustspiel »Die Pagenstreiche« von August Kotzebue eröffnet. In den Jahren 1924-1927 baute dann wieder ein Gastronom, Max Herbst, das heute noch bestehende Brunnentheater. Auch in der Zeit nach 1945 hat sich Helmstedt weiterentwickelt, und trotz seiner Randlage konnte es sich als eine »Stadt der Begegnung« ausweisen. 1975 drehte Wim Wenders seinen Film »Im Laufe der Zeit« zu großen Teilen in Helmstedt. Noch immer hält die ehemalige Universitätsstadt viele Kostbarkeiten bereit. So lädt auch der Naturpark Elm-Lappwald, der die Stadt umschließt, zu geruhsamen Waldspaziergängen ein. Die ehemalige Hansestadt ist auch heute noch eine Reise wert, genau wie zu Goethes Zeiten.

Literarische Bezugspunkte: Juleum, Hauptgebäude der ehemaligen Universität; Professorenhäuser; bemerkenswerte Fachwerkbauten (u. a. Hoflager des Herzogs Julius von Braunschweig, sog. Ruhr'sches Haus am Markt); ehem. Universitätski. St. Stephani.

Weitere Sehenswürdigkeiten: Kirche St. Ludgeri mit der Doppelkapelle St. Peter (19. Jahrh.) und St. Johannes (11. Jahrh.); Klosterkirche St. Marienberg (12. Jahrh.); Klosteranlage St. Marienberg mit Paramentenwerkstatt; Hausmannsturm (1450), dem einzig erhaltenen Stadttor im Braunschweiger Land; Lübbensteine: Groß-Steingräber.

ℹ️ Rathaus, Zimmer 46, Eingang Holzberg,
38350 Helmstedt, Tel. 0 53 51/1 73 33

Kreis Herford

Von Wittekind zu Rainer Maria Rilke

Neben der Nibelungensage hat keine andere Überlieferung der deutschen Geschichte so lebendig und ungebrochen ein ganzes Jahrtausend überlebt wie der Sagenkreis um den Sachsenherzog Wittekind, dessen Auseinandersetzung mit seinem Widersacher Karl dem Großen Generationen von Literaten begeisterte und zu schriftstellerischer Arbeit anregte. Daß die Region um Herford bis heute als Kernpunkt des Wittekindlandes gilt, hat seinen Grund darin, daß der Sachsenherzog in der ehemaligen Stiftskirche zu Enger begraben liegt und das einzige Wittekinddenkmal Deutschlands in Herford zu finden ist. In ihren Städtebildern »Im alten Reich«

Widukind-Museum Enger
mit Stiftskirche im Hintergrund

(1927) hat die Historikerin Ricarda Huch dem westfälischen Enger ein Denkmal gesetzt. Volkstümlich und vor allem von Lese- und Geschichtsbüchern tradiert bleiben jedoch die Überlieferungen vom heldenhaften Widerstand des Sachsen gegen die missionierenden Franken.

Einige Jahrhunderte später verzeichnet die Herforder Kulturgeschichte mit der lateinischen Weltchronik des Mönches Heinrich von Herford (um 1300 geboren) einen mittelalterlichen Höhepunkt. Von seinem Werk sind Abschriften erhalten. Weitere Namen der Herforder Kulturgeschichte: Karl Ludwig Costenoble (1769-1837), seinerzeit vielbeachteter Schauspieler und Memoirenschreiber, Henriette von Hohenhausen, Droste-Freundin und Verfasserin religiöser Werke, sowie Florens Arnold Consbruch (1729-1784), Carl Ludwig Storch (1705-1757) und August Kühne (1829-1863). In unserem Jahrhundert schließlich ist es Hertha Koenig, die auf ihrem Gut Böckel in Rödinghausen-Bieren literarische Spuren hinterließ. 1884 auf dem elterlichen Gut geboren, fand sie früh den Weg zu Kunst und Literatur. Bereits 1910 erschien unter dem Titel »Sonnenuhr« ihr erster Gedichtband. Aufgrund ihres eigenen Schaffens unterhielt sie Kontakt zu anderen bekannten Literaten, unter denen Rainer Maria Rilke ihr besonders nahe stand. Auf ihre Einladung hin verbrachte Rilke 1917 mehrere Monate auf ihrem Gut, wo er den heute so genannten Rilke-Turm bewohnte. Rilke widmete Hertha Koenig die fünfte seiner berühmten Duineser Elegien, sie hielt die Bekanntschaft in der Erzählung »Meine Erinnerungen an Rilke« fest. Hertha Koenig starb 1976.

Literarische Bezugspunkte: Enger: Widukind-Museum, Stiftskirche; Herford: Wittekind-Denkmal; Rödinghausen-Bieren: Gut Böckel, Grab von H. Koenig.

Weitere Sehenswürdigkeiten: Historische Innenstadt Herfords; Stiftskirche Kirchlengern-Stift Quernheim; St. Bartholomäus-Kirche, Rödinghausen (Flügelaltar).

Verkehrs- und Veranstaltungsamt, Hämelinger Str. 4, 32052 Herford, Tel. 05221/189-666 oder 50007, Fax 189-694; Widukind-Museum, Kirchplatz 10, 32130 Enger, Tel. 05224/1752

Heringsdorf *(Seebad)*

Villa Irmgard

ERHOLUNGSORT
MIT BERÜHMTEN GÄSTEN

Heringsdorf, das Seebad an der Ostseeküste, zieht bis in die Gegenwart Künstler (und vor allem Literaten) aus aller Herren Länder an. Kein Geringerer als der für seine Zeit schon ungewöhnlich »vielreisende« Dichter und Journalist Theodor Fontane, der als Kind einige Jahre im benachbarten Swinemünde gelebt hatte und darüber in seiner autobiographischen Erzählung »Meine Kinderjahre« berichtet, brachte die Vorzüge des idyllischen Seebades in einem Brief an seine Frau Emilie auf den Punkt: »...man hat Ruhe und frische Luft und diese beiden Dinge wirken wie Wunder und erfüllen Nerven, Blut, Lungen mit einer stillen Wonne.« Fontane weilte einige Male in Heringsdorf.

Auf besondere Weise aber ist der Dichter Maxim Gorki mit dem Ort verbunden. Von Ende Mai bis Ende September des Jahres 1922 wohnte er mit einigen Familienmitgliedern in der »Villa Irmgard«, die seit 1953 die Maxim-Gorki-Gedenkstätte beherbergt. Für Gorki bedeutete die Reise nach Deutschland auch eine Art Emigration und Flucht, um seine innere Ruhe wiederzufinden. Im sogenannten »arabischen Zimmer« der Villa schrieb er an seiner Autobiographie »Meine Universitäten«. Während seines Aufenthaltes in Heringsdorf empfing er Persönlichkeiten wie Alexej Tolstoi oder den großen russischen Sänger Fjodor Schaljapin. Ein Teil der ständigen Ausstellung des Museums gibt Auskunft über die vielfältigen Begegnungen.

Zu den Badegästen, die nach Heringsdorf kamen, zählte auch der Schriftsteller Willibald Alexis. In der Novelle »Meeresschaumflocken« begeisterte er sich für das Seebad, wo er auch ein Haus erwarb.

Heinrich Mann weilte 1931 in Heringsdorf. Er nahm Logis im damaligen Strandhotel, direkt an der herrlichen, breiten Promenade gelegen. In einem später geschriebenen Essay mit dem Titel »Berlin Vorort Heringsdorf« nimmt er ironisch Stellung zu den Verhältnissen der 30er Jahre.

Da die besondere Bäderarchitektur, übrigens um die Jahrhundertwende gebaut, im Promenadenbereich und im Ortskern noch recht vollständig erhalten ist, kann man den Spuren dieser namhaften Künstler folgen — von den prunkvollen Villen bis zum sandigen, weißen Strand.

Literarische Bezugspunkte: »Villa Irmgard«; Grabsteine; Villen, in denen berühmte Gäste gewohnt haben.

Weitere Sehenswürdigkeiten: Kirche, Muschelmuseum, Kunstpavillon, Sternwarte, Naturdenkmale.

 Kurverwaltung Seebad Heringsdorf,
Strandpromenade, 17424 Seebad Heringsdorf

Hohenstein-Ernstthal

Geburtsstadt von Karl May

Karl May-Haus

Die Wiege des populärsten sächsischen und zugleich meistverlegten deutschen Schriftstellers findet man am Fuße des Erzgebirges in Hohenstein-Ernstthal. 1842 als Kind einer armen Leineweberfamilie in Not und Elend hineingeboren, verlebte Karl May hier Kindheit und Jugend. Wer den bis heute ungebrochen nicht nur von Kindern und Jugendlichen verehrten Volksschriftsteller von seinen Ursprüngen her kennenlernen will, findet in seiner Heimatstadt noch ausreichend Gelegenheit, nach Spuren zu suchen. Neben dem Geburtshaus in der Karl-May-Straße Nr. 54 gibt es im Ort über 20 Gebäude, die nachweislich Bezüge zum bekanntesten Sohn der Stadt aufweisen.

Die Stadt selbst erinnert mit ihren abgelegenen Winkeln, romantischen Gäßchen und dem nahen Oberwald mit der Karl-May-Höhle noch immer an jene Zeit, als Karl May hier lebte. Es ist weitgehend unbekannt, daß May über 40 Jahre, wenn auch mit Unterbrechungen, in der Stadt sein Zuhause hatte. Das Erbe des Schöpfers weltbekannter literarischer Gestalten wie Winnetou und Old Shatterhand, Kara Ben Nemsi und Hadschi Halef Omar wird in Hohenstein-Ernstthal liebevoll und umsichtig gepflegt.

Karl Mays literarische Laufbahn hatte ursprünglich mit Heimatromanen aus dem Erzgebirge begonnen. So haben zum Beispiel seine frühen Erzählungen wie »Der verlorene Sohn oder Der Fürst des Elends« das Erzgebirge zum Hintergrund. Erst später stellte sich mit den Reiseabenteuern der in der deutschen Buchgeschichte sensationelle und kaum vergleichbare Erfolg ein.

In seinem Geburtshaus kann sich der Besucher mit Leben und Werk Karl Mays vertraut machen und einen Blick in eine historische Wohnstube werfen. Vor der Tür des Hauses tritt der Gast in das pulsierende Leben der 16.000 Einwohner zählenden Stadt, aber nach nur wenigen hundert Metern in nördlicher Richtung befindet er sich inmitten einer reizvollen Landschaft am südlichen Abhang des 481 Meter hohen Pfaffenberges, der zu ausgedehnten Wanderungen mit vielen Bezügen zum Leben Karl Mays einlädt.

Literarische Bezugspunkte: Karl-May-Haus, Ernstthaler Kirche St. Trinitatis mit Neumarkt, Hohensteiner Kirche St. Christophori mit Altmarkt, Hotel »Drei Schwanen«, Rathaus, Oberwald mit Karl-May-Höhle. (Auf Wunsch Stadtführungen auf Karl Mays Spuren).

Weitere Sehenswürdigkeiten: Schloß Lichtenstein, Grünefelder Park und Museum in Waldenburg, Bergbaumuseum Oelsnitz. Schloß Hinterglauchau in Glauchau, Naherholungsgebiet Obercallenberg und Stausee Oberrabenstein.

 Stadtinformation Hohenstein-Ernstthal, Altmarkt 30
09337 Hohenstein-Ernstthal, Tel. 0 37 23/77 41

Husum

Marktplatz Husum

DIE »GRAUE STADT AM MEER«

Theodor Storms Heimatstadt Husum stellt für den Reisenden in Sachen Literatur unter den von Dichtern und Dichtung geprägten Ortschaften Deutschlands einen Leckerbissen dar. Husum ist Literaturprovinz im besten Sinne. Ein Spaziergang durch die Stadt wird ohne jede Anleitung, darin höchstens Weimar vergleichbar, zur literarischen Schnitzeljagd. Unverhofft steht man zum Beispiel vor jenem Haus, das den Schauplatz einer in aller Welt bekannten Novelle

Storms abgibt: vor dem Pole-Poppenspäler-Haus in der Süderstraße. Oder der Blick fällt beim Marktbummel auf den schwermütigen Spruch aus der Novelle »Aquis submersus«, der den Giebel eines Geschäftshauses ziert und den Leser für einige Sekunden seine hektische Umgebung vergessen läßt: Gelick as Rock vnd Stof vorswindt aso sint ock ie Minschen Kindt (So wie Rauch und Staub verschwinden, so verschwinden auch die Menschenkinder).

Den meisten Besuchern gefällt die Stadt auf Anhieb. Wer den malerischen Hafen besucht, einen Spaziergang durch die alten Gassen oder auf dem Marktplatz vor St. Marien ausruht, verfällt schnell der von Theodor Fontane einmal mit erhobenem Zeigefinger beschworenen »Husumerei« Storms. In der Tat hat der in einem kleinen Haus am Markt hier 1817 geborene Hans Theodor Woldsen Storm wie kaum ein anderer deutscher Schriftsteller seine Vaterstadt und deren Umgebung in seinem Werk verewigt.

Die meisten seiner Novellen haben Husum oder die umliegenden Dörfer zum Schauplatz, wobei der »Schimmelreiter« als die wohl bekannteste deutschsprachige Novelle keine Ausnahme macht. Seine Spuren müssen wir in der nicht weit entfernten Hattstedter Marsch suchen. Hier begegnet uns die Urstimmung, mit der das Meer und die Weite hinter den Deichen den Städter in ihren Bann ziehen. Ob Schimmelreiterkrug, Deichgrafenhof oder die »große Leiche« beim Begräbnis des alten Deichgrafen, Storm benutzte reichlich Schauplätze und Bezugspunkte seiner Heimat, die sich noch immer finden lassen.

Die Buchhandlung C. F. Delff in Husum, in der schon Theodor Storm seine Bücher kaufte, bietet dem Reisenden das wohl umfassendste Angebot an Storm- und Regionalliteratur Schleswig-Holstein.

Literarische Bezugspunkte: Geburtshaus am Markt, Storm-Haus Wasserreihe, Pole-Poppenspäler-Haus Süderstraße, Aquis-submersus-Haus, Urgroßelternhaus, Schloß und Park mit Stormbüste, Hattstedt und Hattstedter Marsch (»Schimmelreiter«), Drelsdorf (»Aquis submersus«) usw. Ausführliche Stadt- und Stormführer im Husumer Buchhandel.

Weitere Sehenswürdigkeiten: Hafen, Nissenhaus, Nordfriesisches Museum, Schiffahrtsmuseum, Ostenfelder Bauernhaus, Kirche St. Marien (Baumeister C.F. Hansen).

 Tourist Information, Historisches Rathaus, 25813 Husum
Tel. 04841/8 98 70, Fax 47 28

Landkreis Ilmenau

ANMUTIG TAL! DU IMMERGRÜNER HAIN!

Goethegedenkstätte Amtshaus Ilmenau

»Die Gegend ist herrlich, herrlich!« Mit diesen Worten Goethes möchte und darf man die Beschreibung der Stadt Ilmenau am Nordhang des Thüringer Waldes in unmittelbarer Nähe des Rensteiges auch heute noch — und gerade wieder — beginnen. Die Begeisterung Goethes für die Gegend um Ilmenau begann 1776, als er in einem Brief an seinen Dienstherrn Herzog Carl August eine Schilderung seiner Eindrücke niederschrieb, und sie hielt bis zum Jahre 1831 an, als er anläßlich seines 82. Geburtstages noch einmal die Schutzhütte auf dem Kickelhahn aufsuchte. Für Goethe bildeten Ilmenau und die umliegenden Höhen und Täler zeit seines Lebens einen Ort, aus dem er Inspiration und Nachdenklichkeit schöpfen konnte. Hier entstanden Gedichte wie »Ilmenau«, »Gefunden«, »Rastlose Liebe« und, einer seiner wohl bekanntesten Verse, »Wanderers Nachtlied«. Auf dem Schwalbenstein schrieb Goethe in einem Zuge den 4. Akt seiner »Iphigenie«, aus dem Fenster des Ilmenauer Amtshauses blickend Teile aus »Wilhelm Meister«.

Das bereits erwähnte Amtshaus am Ilmenauer Markt beherbergt das Goethemuseum mit vielfältigen Dokumenten, die den Aufenthalt des Dichters in der Stadt und der Region belegen. Am Ortsausgang, dort wo die Fernstraße nach Erfurt die letzten Häuser passiert, erinnert ein Gedenkstein am ehemaligen Schacht »Neuer Johannes« an die Zeit, als Goethe in Ilmenau an der Wiederbelebung des Bergbaues arbeitete. Ilmenau ist auch Ausgangspunkt des 18 Kilometer langen Goethewanderweges, der den Besucher an zahlreichen bemerkenswerten Stätten entlangführt. Knapp unterhalb des Ilmenauer Wahrzeichens, dem 861 Meter hohen Kickelhahn, steht das Jagdhaus Gabelbach, seit 1949 Museum mit einer Exposition zu Goethes Wirken als Staatsminister und Naturgelehrter. Eine bemerkenswerte Stätte zu Begegnungen mit Goethe und bekannten Personen des Weimarer Hofes ist auch das Goethehaus in Stützerbach, einer kleinen Gemeinde etwa 8 Kilometer von Ilmenau entfernt. Bekanntgeworden ist der Ort unter anderem durch die seit 1776 erfolgten regelmäßigen Besuche Goethes. Das heutige Museum ist ein zeitgenössisches Dokument zum Leben in den Dörfern des Thüringer Waldes zur Goethezeit.

Literarische Bezugspunkte: Amtshaus Ilmenau, Schutzhütte auf dem Kickelhahn, Jagdhaus Gabelbach, Goethehaus Stützerbach, Schutzhütte auf dem Schwalbenstein, Schacht »Neuer Johannes«, Grab von Corona Schröter auf dem Ilmenauer Friedhof.

Weitere Sehenswürdigkeiten: Ev. Kirche St. Jakobus, Kath. St. Josefs-Kirche, Bergmannskapelle, Altes Zechenhaus, Alte Försterei Ilmenau, Turm auf dem Kickelhahn.

[i] Ilmenau-Information, Lindenstraße 12, 98693 Ilmenau
Tel. 0 36 77/23 58 und 6 21 32, Fax 25 02

Kamenz

Lessing-Museum

LESSINGS GEBURTSSTADT

Gotthold Ephraim Lessing wurde am 22. Januar 1729 in Kamenz geboren und verbrachte seine ersten zwölf Lebensjahre in dieser sächsischen Kleinstadt am Rande der Oberlausitz. Wer sich über jene Zeit und den weiteren Lebensweg Lessings sowie die Wirkung seiner aufklärerischen Leistungen informieren möchte, dem sei ein Besuch des Lessing-Museums empfohlen. Dort wird nicht nur eine attraktive Exposition präsentiert, sondern dem Besucher auch Gelegenheit gegeben, sich aktiv mit dem Gedankengut des streitbaren Humanisten zu beschäftigen. Außerdem sind die Besucher als Gäste des Museums eingeladen, einen Stadtrundgang »auf Lessings Spuren« zu unternehmen — als Gruppe geführt von einer Mitarbeiterin oder selbständig mit einer Publikation der hauseigenen Schriftenreihe »Erbepflege in Kamenz«.

Der Ausstellungsbereich

Im Vestibül sind zunächst Zeugnisse zu den Vorfahren des Dichters zu sehen, die als Bürgermeister, Pastoren, Ratsherren und Handwerker wesentlich zur sozialen, wirtschaftlichen und kulturellen Stadtentwicklung beigetragen haben. Danach kann man einen Vortrag hören, der in die Ausstellung »Lessings Lebensweg« einführt. Die Exposition zeigt inhaltlich gegliederte, museale Schaubilder, die deutlich machen, daß Lessing sowohl als Schriftsteller wie auch als Gelehrter tätig war und daß er die größten und nachhaltigsten Leistungen für das Theater vollbracht hat. Schwerpunkt ist dabei das Verhältnis zwischen Dichter-Biographie und Theater-Geschichte, das vor allem durch Bühnenmodelle, Figurinen und Kostüme dokumentiert wird. Im Lesekabinett liegen die Publikationen der Schriftenreihe des Museums aus, und im letzten Ausstellungsraum können ausgewählte Beispiele zur Lessingrezeption und Erbepflege besichtigt werden.

Der Benutzerbereich

Die reizvolle Atmosphäre des Seminarraumes regt gewiß dazu an, sich über das Gesehene, Gelesene und Gehörte auszutauschen — bei einer Tasse Kaffee, einem Glas Wein oder einem anderen Getränk. Die Benutzer können hier aber auch an ausstellungsbegleitenden Veranstaltungen teilnehmen oder Sammlungsgut aus dem Museumsdepot kennenlernen.

Literarische Bezugspunkte: Gedenkstätte im Lessinggäßchen (wo bis 1842 das Geburtshaus stand), Sehenswürdigkeiten beim Stadtrundgang »auf Lessings Spuren«.

Weitere Sehenswürdigkeiten: Hauptkirche St. Marien, St. Just-Kirche, Klosterkirche, Roter Turm, Basteiturm, Andreasbrunnen, Museum der Westlausitz, Rathaus.

 Kamenz-Information, Kirchstraße 1, 01917 Kamenz
Tel. 03578/5500

VON SOPHIE VON LA ROCHE ÜBER GANGHOFER BIS ENZENSBERGER

Umgeben von den bewaldeten Höhen des Alpenvorlandes und eingebettet in das freundliche Tal der Wertach liegt Kaufbeuren inmitten des östlichen Allgäus. Hier wurde Ludwig Ganghofer am 7. Juli 1855 als Sohn eines Forstbeamten in dem alten, von einem Barockgiebel überragten Bürgerhaus am Kirchplatz von St. Martin geboren. In seiner Selbstbiographie »Lebenslauf eines Optimisten« beschreibt Ganghofer, Doktor der Philosophie und erfolgreichster Heimatschriftsteller unseres Jahrhunderts, seine Kindheit in Kaufbeuren. Am besten kommt man dem berühmten Schriftsteller im Kaisergäßchen

»Ganghoferzimmer«
Stadtmuseum

auf die Spur: dort findet man im Stadtmuseum die Ganghofer-Erinnerungsstätte. In diesen Räumen wird der Besucher in sein Schaffen eingeführt und lernt Ganghofer kennen als Dichter, Maler, Bastler, Techniker, Waidmann und Sportler.

Wer auf den Spuren heimischer Literaten bleiben will, kommt auch nicht an dem Geburtshaus der Schriftstellerin Sophie von La Roche (Ludwigstr. 2) vorbei. Am 6. Dezember 1730 wurde hier Marie Sophie Gutermann als Tochter des gebildeten protestantischen Arztes und »Stadtphysikus« Dr. Georg Friedrich Gutermann von Gutershofen geboren. 1754 heiratete Sophie Gutermann den kurmainzischen Hofrat Georg Michael Frank von La Roche. Mit ihrem Roman »Geschichte des Fräuleins von Sternheim« (1771) ging sie in die deutsche Literaturgeschichte ein. Als Großmutter von Clemens Brentano und Bettina von Arnim starb sie am 18.2.1807 in Brügel bei Offenbach am Main.

Kaufbeuren, übrigens auch Geburtsstadt des bekannten Gegenwartsschriftstellers Hans Magnus Enzensberger, zeigt sich heute traditionsbewußt und ihrer mehr als 1000 Jahre alten Geschichte verpflichtet. Alljährlich im Juli spielen 1600 Kinder beim ältesten historischen Kinderfest Bayerns, dem »Tänzelfest«, die Geschichte ihrer Stadt. Mittelalterliche Türme und Mauern sowie kunstreiche Kirchen, idyllische Gassen, belebte Straßen und heimelige Plätze prägen auch heute noch das Bild der Altstadt.

Literarische Bezugspunkte: Ganghofer-Geburtshaus (Kirchplatz), Ganghofer-Erinnerungsstätte (Stadtmuseum), Geburtshaus von Sophie von La Roche, Ludwigstr. 2.

Weitere Sehenswürdigkeiten: Altstadt, Blasiuskirche mit Jörg-Lederer-Altar (1518), Stadtmauer mit Fünfknopfturm, Stadtmuseum, Puppentheatermuseum und Crescentia-Gedenkstätte. Stadtteil Neugablonz, die »Schmuckstadt im Allgäu«, mit den Museen: Gablonzer Heimatmuseum, Neugablonzer Museum und Gablonzer Industrie- und Schmuckmuseum.

 Verkehrsverein Kaufbeuren e.V., Tourist-Information, Kaiser-Max-Str. 1, Rathaus, 87600 Kaufbeuren, Tel. 0 83 41 / 4 04 05, Fax 43 76 60

Festung Königstein

Festung Königstein: Eingangsbereich

FESTUNG KÖNIGSTEIN

Wer kennt sie nicht, die einst unbezwingbare und heute von tausenden von Besuchern »erstürmte« Festung Königstein. Unübersehbar erheben sich ihre trutzigen Mauern auf einem Sandsteintafelberg (361 m ü.d.M.) inmitten der malerischen Felslandschaft der Sächsischen Schweiz, ca. 32 km von Dresden entfernt. Zu jeder Jahreszeit zieht die größte Bergfestung Europas (9,5 ha) sowohl wehrgeschichtlich Interessierte als auch Naturverbundene in ihren Bann. Über 750 Jahre Geschichte haben die Festung zu einem einzigartigen Ensemble von Bauwerken der Spätgotik, der Renaissance, des Barock und des 19. Jahrhunderts entstehen lassen.

Bereits im Mittelalter existierte auf dem Felsplateau eine Burganlage, die ebenso wie das umliegende Land dem böhmischen König gehörte. Die erste urkundliche Erwähnung des Königsteins erfolgte im Jahre 1241. Zu Beginn des 15. Jahrhunderts wechselte die Burg den Besitzer und kam an die Wettiner. Der sächsische Kurfürst Christian I. befahl schließlich 1589 den Ausbau zur Landesfestung. In den folgenden Jahrhunderten wurden die Verteidigungsanlagen immer wieder auf den neuesten Stand gebracht. Aufgrund der militärischen Uneinnehmbarkeit des Königsteins suchten die sächsischen Kurfürsten und Könige in unruhigen Zeiten hinter den dicken Mauern Zuflucht und bewahrten hier wertvolle Kunstschätze und den Staatsschatz auf. Darüber hinaus war der Königstein wegen seiner reizvollen Lage ein beliebtes Ausflugsziel des Hofes, wohin man zu prunkvollen Festen einlud. Zu den bekanntesten Gästen zählten Zar Peter I. sowie die preußischen Könige Friedrich Wilhelm I. und Friedrich II. Auch Napoleon inspizierte die sächsische Landesfestung. Gleichzeitig erlangte der Königstein traurigen Ruf als das gefürchtetste Staatsgefängnis Sachsens. So verbüßte neben August Bebel auch der Schriftsteller Frank Wedekind einige Zeit auf der Festung. Hier entstand seine erste Fassung des Schauspiels »Der Marquis von Keith«.

Während des Deutsch-Französischen Krieges 1870/71 sowie während des I. und II. Weltkrieges war die Festung Königstein Kriegsgefangenenlager. Am 9. Mai 1945 ergab sich die Besatzung kampflos der Roten Armee. Im Mai 1955 wurde dieser bemerkenswerte Zeuge sächsischer Geschichte und Festungsbaukunst militärhistorisches Freilandmuseum. Vieles gibt es hier zu entdecken und zu bestaunen, u.a. die bis zu 40 m hohen ehemals unüberwindlichen Felswände, den 152,5 m tiefen Brunnen, die mächtigen und für die damalige Zeit beschußfesten Sandsteinquadergewölbe und nicht zuletzt den fantastischen Ausblick in das idyllische Elbtal.

Literarische Bezugspunkte: Gesamte Festung Königstein.

> **ℹ** Festung Königstein, Postfach 02/06, 01824 Königstein
> Tel. 03 50 21/374, Fax 375

ORT UND PORT DER FRUCHTBRINGENDEN GESELLSCHAFT

Inmitten einer fruchtbaren, ebenen Offenlandschaft hebt sich die alte Residenzstadt Köthen, von weitem sichtbar durch das Turmpaar der St. Jakobskirche, grüßend heraus. Wenige Schritte nördlich von der Stadtmitte ruht im Grünen das Schloß — bis 1847 Residenz der askanischen Fürsten und Herzöge von Anhalt. Deren bedeutendster, Fürst Ludwig (1579-1650), der mit sachsen-weimarischen und anhaltischen Regenten und Hofleuten im August 1617 in Weimar die Fruchtbringende Gesellschaft gegründet hatte, leitete diese von Köthen aus zeitlebens. Sie

Schloß Köthen — Ludwigsbau

ähnelte sowohl spätmittelalterlichen Rittergesellschaften, als auch zeitgenössischen Akademien, denen Ludwig in Italien begegnet war, und etwas auch den Sodalitäten der Humanisten. Die »Fruchtbringer« strebten nach der Emanzipation der deutschen Volkssprache gegenüber dem (in Rechtsprechung, universitärem Wissenschaftsbetrieb und in der katholischen Kirche) allmächtigen Latein. Beispiele volkssprachlicher Literatur, die sich in der Renaissancezeit in den romanischen Ländern entwickelte, sollten auch, nach Luther und den Meistersingern, unter dem Zeichen der Versreform des Martin Opitz, in Deutschland entstehen. Zu den Anliegen gehörten auch die urbane Modernisierung des adeligen Lebensideals, eine ständischem Ausgleich folgende Regentenlehre und konfessionelle Toleranz.

Schloß Köthen war durch Fürst Ludwig von Anhalt das geistige Zentrum der Fruchtbringenden Gesellschaft, hier wurden die Übersetzungs- und dichterischen Werke der »Fruchtbringer« diskutiert, verbessert und zum Teil gedruckt. Ein Kreis literarischer »Juroren« bildete sich mit dem Tasso-Übersetzer Diederich v.d. Werder und Tobias Hübner, der noch vor Opitz die ersten deutschen Hexameter schrieb.

Heute ruht der »Erzschrein« (Archiv) der Gesellschaft, trotz Verlusten 1947, im Schloß Köthen, und im zurückgewonnenen Apothekengewölbe des Ludwigsbaues wird die große Ausstellung zur Fruchtbringenden Gesellschaft, die mitten im Dreißigjährigen Krieg Gedankenaustausch und friedlichen Ausgleich mit Wort und Tat predigte, entwickelt.

Literarische Bezugspunkte: Schloß Köthen, Eichendorffhaus (Bernburger Str.)

Weitere Sehenswürdigkeiten (im Schloß): barocke Schloßkapelle, klassizistischer Spiegelsaal; sonst: Historisches Museum (mit Bach-Gedenkstätte), Schloß Bernburg, Schloß Plötzkau, Schloß Mosigkau, Schloß Biendorf, v. d. Werder'sches Gutshaus Reinsdorf.

 Museumsdirektion im Schloß-Ludwigsbau, 06366 Köthen, Tel. 25 46
Köthen-Information, Marktpl. (Stadthaus), 06366 Köthen, Tel. 56 53 50

Konstanz

Konstanz

LITERARISCHES ZENTRUM AM BODENSEE

Nur wenige Regionen in Deutschland können auf eine so reiche Literaturlandschaft blicken wie Konstanz am Bodensee. Die frühesten Spuren literarischer Kultur am Bodensee führen auf die Insel Reichenau (wo der Mönch Strabo vor mehr als einem Jahrtausend bereits lateinische Verse schrieb) und in

das ehemalige Dominikanerkloster (heute das bekannte Inselhotel), wo Heinrich Suso, der neben Meister Eckhart wohl bedeutendste Mystiker des Mittelalters, um 1320 sein Noviziat antrat. Etwa ein Jahrhundert später rückte Konstanz mit dem Konzil und der Verurteilung von Johannes Hus geradezu in den Mittelpunkt der Geschichte.

Die Reihe lobender bis begeisterter Erwähnungen der Stadt zieht sich durch die Jahrhunderte, und nicht wenige Schriftsteller haben der Stadt und der Landschaft eigene Werke gewidmet. So läßt sich, um nur ein Beispiel zu nennen, Gustav Schwabs Reisebuch »Der Bodensee« auch heute noch mit Genuß lesen, obwohl es bereits 1827 erschien. Aus dieser Zeit stammt auch der bekannte klassische Vergleich des französischen Romantikers Gérard de Nerval: »Wie es so daliegt, am Eingang des unendlichen Sees und an beiden Rheinufern, ist Konstanz ein kleines, friedliches Konstantinopel.«

Um die Liste der Bodensee-Enthusiasten wenigstens annähernd zu vervollständigen, müßten Annette von Droste-Hülshoff mit ihrem berühmten »Fürstenhäusle« bei Meersburg genannt werden; von Victor von Scheffel, der auf der Halbinsel Mettnau seine Heimat fand, müßte die Rede sein, von C. F. Meyer, Hölderlin, Mörike, und in unserem Jahrhundert schließlich von Wilhelm von Scholz, Hermann Hesse, Jürgen Kelter, Hermann Kinder und vor allem Martin Walser, dessen literarisches Werk ebenfalls der Region verbunden ist.

Eine Literaturreise um den Bodensee vom 9.-14.10.94, von der Tourist-Information Konstanz GmbH angeboten (weitere Termine auf Anfrage), gleicht somit einem Kulturausflug durch ein Jahrtausend, ganz abgesehen von den landschaftlichen und kulinarischen Reizen, die der Bodensee zu bieten hat.

Literarische Bezugspunkte: Konstanz: Konzil, Hus-Haus, Steigenberger Inselhotel (ehemaliges Dominikanerkloster); Meersburg: Altes Schloß, Droste-Museum; Insel Reichenau: Marienmünster, St. Georg-Kirche, St. Peter und Paul-Kirche; Ittingen: Kartause; Singen: Hohentwiel (größte Burgruine Süddeutschlands).

Weitere Sehenswürdigkeiten: Konstanz: 900-jähriges Münster, Gassen der »Niederburg« (ältester Stadtteil), Rosgartenmuseum, Bodensee-Naturmuseum, Archäologisches Landesmuseum Baden-Württemberg, Insel Mainau.

 Tourist-Information Konstanz GmbH, Postfach 105152, 78421 Konstanz
Tel. 0 75 31/284-386, Fax 284-364

In der Geburtsstadt des Verfassers von »Ännchen von Tharau«

In der Residenzstadt des ehemaligen Fürstentums Reuß, jüngere Linie Lobenstein-Ebersdorf, wurde am 8. Juli 1604 der spätere Musiker Heinrich Albert geboren. Ursprünglich sollte er Jurist werden, aber sein Interesse galt mehr der Musik, mit der er sich schon in seiner Schulzeit

Heinrich Albert-Gedenkstein

und mit Hilfe seines Vetters Heinrich Schütz, der Hofkapellmeister in Dresden war, vertraut gemacht hatte. Die Bekanntschaft mit dem Thomaskantor Johann Hermann Schein verhalf ihm zu seinen ersten Kompositionen.

Um den Wirren des 30jährigen Krieges zu entkommen, geht Heinrich Albert nach Königsberg und setzt sich für Friedensbemühungen zwischen Schweden und Polen ein, was ihm aber zunächst eine Gefangenschaft in Warschau einbringt. Hier lernt er die polnische Volksmusik kennen, die später in seinen Werken Niederschlag findet.

1630 bekommt Albert die Stelle des Dom-Organisten in Königsberg und kann sich somit endlich ganz der Musik widmen. Schließlich erhält er bei einer Reise nach Kopenhagen sogar einen Kompositionsauftrag für das dänische Königshaus.

Bis zu seinem Tode am 6. Oktober 1651 sind zahlreiche Werke entstanden, die zum Allgemeingut deutscher Sprache wurden, unter ihnen: »Gott des Himmels und der Erden«, »Die Lust hat mich gezwungen« und nicht zuletzt »Anke von Tharau«, sein bekanntester »Klassiker«, den Johann Gottfried Herder als »Ännchen von Tharau« ins Hochdeutsche übersetzte: (1. Strophe)

> Ännchen von Tharau ist's, die mir gefällt,
> sie ist mein Leben, mein Gut und mein Geld.
> ...
> Ännchen von Tharau, mein Reichtum, mein Gut,
> du meine Seele, mein Fleisch und mein Blut.

In Lobenstein am »Hain« wurde 1957 zu Ehren des Liederdichters und Komponisten ein Gedenkstein errichtet. Alle zwei Jahre finden im Ort die »Lobensteiner Musiktage« statt, wo unter anderem verschiedene Werke von Heinrich Albert aufgeführt werden.

Literarische Bezugspunkte: Heinrich-Albert-Gedenkstein am »Hain«.

Weitere Sehenswürdigkeiten: Stadtkirche St.-Michaelis, Regionalmuseum, »Alter Turm«, Schloß mit Parkanlage und Grabstätte der Reußischen Fürstenfamilie in Ebersdorf, Schloß Burgk (Konzerte auf der Silbermann-Orgel), Bergkirche in Schleiz — Fürstliche Grabstätte.

ℹ Fremdenverkehrsamt Moorbad Lobenstein, Graben 18
07356 Lobenstein, Tel. u. Fax 036651/2543

Lorsch

Auf den Spuren der Nibelungensage

Lorscher Rathaus

Das Nibelungenlied, das zu den ältesten und gleichzeitig bekanntesten Überlieferungen der deutschen Geschichte gehört, ist eng mit dem Namen der alten König- und Klosterstadt Lorsch verbunden. Wer erinnert sich nicht aus unvergessenen Leseabenteuern der Kindheit an das sagenumwobene Volk der Nibelungen und an den strahlenden Helden Siegfried, der auf heimtückische Weise von seinem »Beschützer« Hagen von Tronje ermordet wird?

Es ist sicher kein Zufall, daß nach der Variante des Abtes Sigehard von Schauenburg Kloster Lorsch mit den Wäldern zwischen Rhein und Odenwald als einer der Schauplätze der alten Erzählung gilt, denn immerhin fällt die Entstehung des Nibelungenliedes in die glanzvollste Zeit des schon 764 gegründeten Reichsklosters. So verwundert es nicht, daß die Überlieferung noch heute jenen steinernen Sarg, der in der Vorkirche des ehemaligen Klosters zu finden ist, als Siegfrieds Grabstätte bezeichnet. Auch Königinmutter Ute und die trauernde Kriemhild sollen sich in das Kloster »Hagen ze Lorse« zurückgezogen haben. An die große Vergangenheit des ehemaligen Reichsklosters erinnern die erhalten gebliebene karolingische Torhalle sowie ein Teil der Klosterkirche.

Die geschichtliche Bedeutung des Ortes dokumentieren heute die weit über die Grenzen Deutschlands hinaus bekannten Malereien im Nibelungensaal des Alten Rathauses. Riesige Wandgemälde künden von der Gründung des Klosters, von Siegfrieds Tod, vom Einzug Karls des Großen in das Kloster und vom Leben der Bauern und Bürger im Jahrhunderten. In beeindruckender Weise ist es dem aus Worms stammenden Maler Georg Beringer, der schon in den dreißiger Jahren dieses Jahrhunderts die ersten Ausmalungen im Nibelungensaal gestaltete, gelungen, geschichtliche Wirklichkeit neben überlieferten Sagenstoffen künstlerisch zu verweben.

Nur wenigen Besuchern, die die Stadt auf den Spuren der Nibelungensage besuchen, dürfte bekannt sein, daß Lorsch im Mittelalter Heimat einer der berühmtesten und größten Bibliotheken Deutschlands war. Im Jahre 1622 gelangte der größte Teil des Bestandes über Heidelberg nach Rom.

Literarische Bezugspunkte: Königshalle, Reste des Reichsklosters Lorsch, Nibelungensaal im Alten Rathaus.

Weitere Sehenswürdigkeiten: Kurfürstliches Haus (Museum), Rathaus; Museumszentrum (ab 1994), Vogel- und Freizeitpark »Birkengarten«.

ℹ️ Kultur- und Verkehrsamt, Marktplatz 1, 64653 Lorsch
Tel. 0 62 51/59 67 50-51, Fax 59 67 60

STATIONEN IN DER MARK

Napoleonhäuschen in Luckau

»Allem Zeitlosen entrückt und losgelöst von aller Erdenschwere tritt heute das heiter-ernste Werk seiner Kunst hervor«, ist der Einleitung der dreibändigen Ausgabe der ausgewählten Werke von Otto Erich Hartleben zu entnehmen; geschrieben von seinem Freund Franz Ferdinand Heitmueller. Als der Dichter Otto Erich Hartleben 1905 die Augen schloß, war er weit über die deutschen Grenzen hinaus bekannt. Er verbrachte als Referendar der Justiz einige Jahre (1887/88) in Luckau. Daß sein Leben und seine Werke ihm den Ruf eines großen Spötters eingebracht haben, beweist auch ein Kapitel über Luckau in seinem 1906 in München herausgebrachten Tagebuch »Fragmente eines Lebens«: mit witzigen und satirischen Bemerkungen zieht er über die »oberen Zehntausend« des Städtchens her. Am bekanntesten ist jedoch sein Ausspruch: »Man geht doch schneller um Luckau herum, als man um Berlin mit der Ringbahn fährt.« Dieser humorvolle Hinweis stimmt zwar auch heute noch, allerdings verschweigt er, welches Kleinod sich hinter den Mauern verbirgt. Luckau besitzt noch immer eine weitgehend erhaltene, sehenswerte mittelalterliche Stadtbefestigung. Die Architektur bezeugt die wechselvolle Geschichte, so auch die 700jährige Nikolaikirche mit reicher barocker Innenausstattung und einer wertvollen Donatorgel von 1673. Regelmäßig erklingt die Orgel am 1. Weihnachtstag zur Christmette, zu der sich schon in der Frühe um 6 Uhr Gäste von nah und fern einfinden, um das Quempassingen des Luckauer Kantors Andreas Müller (1730) nicht zu versäumen. Sehenswert ist auch die ehemalige Pfarrkirche St. Georg, ein im Kern frühgotischer Backsteinbau. Ihr mächtiger achteckiger Turm, der »Hausmannsturm«, prägt wesentlich das Stadtbild. Der Markt mit dem Rathaus und schönen Bürgerhäusern aus dem 17. Jahrhundert mit reichen Stuckdekorationen und Volutengiebeln verbreitet das typische Kleinstadtflair, das sich scheinbar nicht recht entscheiden kann zwischen kräftigem Pulsieren und trägem Dahinblinzeln in der Mittagssonne und das gerade deshalb den gestreßten Großstädter in seinen Bann zieht.

Nicht unerwähnt soll auch bleiben, daß während der Nazizeit im Luckauer Zuchthaus, einem ehemaligen Dominikanerkloster, der Dramatiker und Romancier Günther Weisenborn einsaß. Er hatte der Widerstandsgruppe um Harro Schulze-Boysen angehört.

Literarische Bezugspunkte: Strafvollzugsanstalt Luckau (mit Karl-Liebknecht-Gedenkzelle); Gaststätte »Goldener Ring« (Wirkungsstätte Hartlebens); Heimatmuseum Luckau.

Weitere Sehenswürdigkeiten: Napoleonhäuschen; Napoleonschanze, Roter Turm, Heimatmuseum Dahme (vorrangig Fläminggeschichte).

 Fremdenverkehrsbüro, Lindenstraße 5, 15926 Luckau
Tel. und Fax: 0 35 44/30 50

Ludwigsburg

Baden-Württemberg

Holzmarkt mit Obelisk

»DIE SCHWÄBISCHE POETENWIEGE«

Im Jahre 1704 wurde der Grundstein zum Ludwigsburger Schloß gelegt. Schon 15 Jahre später war die Stadt zur dritten Residenz und Oberamtsstadt erhoben. Dadurch wurden Beamte, Soldaten und Künstler in die Stadt und an den Hof gerufen.

Im September 1786 erblickte Justinus Kerner in einem Hause am Marktplatz das Licht der Welt. Er beschrieb seine Kindheit in Ludwigsburg in der Schrift »Bilderbuch aus meiner Knabenzeit«. Noch immer erinnert vieles an den Aufenthalt des späteren Dichters, der als Lyriker und Balladendichter zum Haupt der Schwäbischen Dichterschule werden sollte. Bekannt wurde er neben vielen unsterblichen Liedern und Balladen auch durch seine Untersuchung der Fähigkeiten der »Seherin von Prevorst«.

Friedrich Schiller lebte als Kind bis zu seinem Eintritt in die »Hohe Karlsschule« überwiegend in Ludwigsburg. So findet man drei Häuser, in denen er wohnte. In der Stadtkirche wurde »'s Fritzle« konfirmiert. Als berühmter Mann reiste er noch einmal für einige Monate in die Stadt, wo auch sein Sohn Carl zur Welt kam.

Als Organist wurde Christian Friedrich Daniel Schubart nach Ludwigsburg gerufen. Schubart, der auch Musiklehrer am Hof war, erlebte mit seinen kritischen Äußerungen schroffe Ablehnung bei den Herrschenden. Zehn Jahre seines Lebens verbrachte er als politischer Gefangener auf der Festung Hohenasperg, nahe der Stadt.

An Eduard Mörike erinnern in Ludwigsburg sein Geburtshaus und ein weiteres Wohnhaus. Der Dachboden und Garten dort weckten in dem Buben manche dichterische Phantasie. Die Liebe zu der geheimnisvollen Bedienung im Gasthaus »Holländer« veranlaßte Mörike zu den »Peregrina-Liedern«.

In der Reihe der bedeutenden Ludwigsburger Dichter und Schriftsteller darf auch die 1848 im Graevenitz-Palais geborene Tony Schumacher nicht fehlen, die als eine der bedeutendsten Kinderbuchautorinnen ihrer Zeit gilt. Sie hinterließ eine stattliche Anzahl von Kinderbüchern, die zum großen Teil ihre Heimatstadt zum Hintergrund haben. Tony Schumacher starb 1931.

Literarische Bezugspunkte: Geburtshäuser von Mörike, Kerner, David Fr. Strauß, F. Th. Vischer, T. Schumacher. Wohnhäuser von Schiller und Schubart. Obelisk mit Gedenktafeln für Mörike, Kerner, Vischer und Strauß.

Weitere Sehenswürdigkeiten: Residenzschloß, eine der größten und bedeutendsten barocken Anlagen in Deutschland; Jagd- und Lustschloß Favorite; Seeschloß Monrepos; Arkadenumrahmter Marktplatz.

 Ludwigsburg-Information, Wilhelmstr. 10, 71638 Ludwigsburg
Tel. 0 71 41 / 91 02 52, Fax 91 07 74

Ludwigshafen am Rhein

FRIEDRICH SCHILLER UND ERNST BLOCH

Das Schillerhaus in Oggersheim, heute Stadtteil von Ludwigshafen, erinnert an die spektakuläre Flucht des jungen Dichters im Oktober 1782 aus Stuttgart. Mit seinem Freund A. Streicher hatte Friedrich Schiller unter falschem Namen im damaligen Gasthaus »Zum Viehhof« Quartier bezogen, nach-

Schillerhaus

dem sein Drama »Die Räuber« (uraufgeführt im Mannheimer Nationaltheater) das Mißfallen des Herzogs Karl Eugen erregt und dieser ihm hatte mitteilen lassen: »... bei Strafe der Kassation schreibt Er keine Komödien mehr.« Schiller entschloß sich angesichts des Schicksals Schubarts, der bereits vier Jahre unrechtmäßig auf dem Hohenasperg inhaftiert war, aus Württemberg zu fliehen. Im Gasthof logierten die beiden Flüchtlinge unter den Namen »Dr. Schmidt« (Schiller) und »Dr. Wolf« (Streicher). Dieser berichtete später über die Flucht.

Im Asyl in Oggersheim entstand die erste Fassung des »Fiesco«. Bei dem heutigen Schillerhaus in der Schillerstraße Nr. 6 handelt es sich um das ehemalige Gasthaus »Zum Viehhof«, einem zweigeschossigen Putzbau mit charakteristischer Sandsteingliederung und Satteldach. Die Hausecken sind durch gequaderte Lisenen betont. Der Bau wurde um 1750 errichtet und 1956 nach Kriegszerstörungen wieder rekonstruiert.

Seit 1959 dient das Haus als Schiller-Gedächtnisstätte. Eine Bronzetafel erinnert an den Aufenthalt des Dichters im Oktober und November 1782. Das Museum zeigt unter anderem Handschriften und Erstausgaben von Schillers Werken.

Dem philosophischen Werk des in Ludwigshafen geborenen Ernst Bloch ist das gleichnamige Archiv in der Stadtbibliothek, Bismarckstraße 44-48, gewidmet. Hier werden Schriften und Materialien über den Ludwigshafener Ehrenbürger und Philosophen gesammelt. Für Wissenschaftler, Studenten und Journalisten des In- und Auslandes handelt es sich um eine der bedeutendsten Forschungseinrichtungen.

Der Schweizer Künstler Max Bill schuf als Metapher für das »Prinzip Hoffnung« des Philosophen ein Kunstwerk aus Granit, die »Endlose Treppe« mit 19 Stufen. Die Skulptur wurde 1991 neben dem Wilhelm-Hack-Museum in der Berliner Straße errichtet.

Literarische Bezugspunkte: Schillerhaus, Schillerdenkmal, Schillerplatz, Ernst-Bloch-Archiv.

Weitere Sehenswürdigkeiten: Wallfahrtskirche Oggersheim mit Lorettokapelle, Wilhelm-Hack-Museum, Karl-Otto-Braun-Museum, Ruchheimer Schlößchen.

ℹ Verkehrsverein Ludwigshafen, Pavillon am Hauptbahnhof, 67059 Ludwigshafen, Tel. 06 21/51 20 35

Ludwigslust

WIRKUNGSSTÄTTE VON JOHANNES GILLHOFF

Schloß Ludwigslust

Ludwigslust, die heimliche Hauptstadt der »Griesen Gegend« im Südwesten Mecklenburgs, verdankt ihre Entstehung fürstlicher Laune, in ländlicher Umgebung Residenzen zu errichten. Neben dem spätbarocken Schloß entstand im 18. Jahrhundert ein planmäßig angelegter Ort, der 1876 Stadtrecht erhielt.

1924 ließ sich der Volkskundler und Germanist, Schriftsteller und Rezensent, Redakteur und Herausgeber Johannes Gillhoff in Ludwigslust nieder. Geboren am 24. Mai 1861 in dem Dorf Glaisin bei Ludwigslust, war Johannes Gillhoff zuvor Lehrer in Spornitz, Parchim, Merseburg, Erfurt und Genthin. Er veröffentlichte Arbeiten zur Volkskunde in Mecklenburg, umgangssprachliche plattdeutsche Redewendungen und Rätsel und schrieb Erzählungen unter dem Titel »Bilder aus dem Dorfleben« (1905). Sein bekanntestes Werk ist der 1917 in Berlin herausgegebene Briefroman »Jürnjakob Swehn, der Amerikafahrer«. Dieser Bestseller, der der deutschen Nationalliteratur nahesteht, wurde in mehrere Fremdsprachen übersetzt und machte den Autor über Deuschland hinaus bekannt.

In Ludwigslust, die Stadt wird auch liebevoll »Lulu« genannt, bezog der pensionierte Seminar-Oberlehrer Johannes Gillhoff in der Schloßstraße Nr. 51 eine Wohnung und begründete hier gemeinsam mit dem Inhaber der Hinstorffschen Buchhandlung Otto Kärst die Zeitschrift »Mecklenburgische Monatshefte«. Diese Zeitschrift, die seit 1925 in Ludwigslust, später im Hinstorff Verlag Rostock erschien, entwickelte sich unter der Schriftleitung von Johannes Gillhoff zum führenden Periodikum für alle Bereiche der Kunst, Kultur, Geschichte, Literatur, Volkskunde und Natur in Mecklenburg.

Johannes Gillhoffs Wirken in Ludwigslust war folgenreich und machte die Kreisstadt für eine kurze Spanne Zeit zu einem Zentrum des geistig-kulturellen Lebens in Mecklenburg.

Am 16. Januar 1930 starb Johannes Gillhoff im Krankenhaus Parchim. Er wurde auf dem Friedhof Ludwigslust beigesetzt.

Literarische Bezugspunkte: Gillhoff-Grab auf dem Ludwigsluster Friedhof, Gedenktafel am Krankenhaus Parchim, Gillhoff-Stuv im ehem. Schulhaus in Glaisin (ständige Ausstellung), Gedenktafel Schloßstr. 51 in Ludwigslust.

Weitere Sehenswürdigkeiten: Stadtkirche, Schloß, Schloßbrücke, Kaskaden, Schloßpark (mit 120 ha größter Landschaftspark Mecklenburgs), Glockentürme (Friedhof), Rathaus, Spritzenhaus, Marstall, Alte Wache, Gebäude in der Schloß- und Kanalstraße, am Kirchplatz und Am Bassin.

 Ludwigslust-Information, Alte Wache, Schloßplatz, 19288 Ludwigslust, Tel. 03974/2 90 76

»GEH AUS MEIN HERZ UND SUCHE FREUD...« PAUL GERHARDT IN LÜBBEN

Der Liederdichter Paul Gerhardt (1607-1676) wird in der Literaturgeschichte als der bekannteste protestantische Kirchenlieddichter nach Martin Luther angesehen. Seine Lyrik gehört zum unvergänglichen kulturellen Besitz des deutschen Volkes. Paul Gerhardt kam 1669 nach Lübben, um die Stelle des Archidiakons in der Stadtkirche St. Nikolai anzutreten. »Mit Tagesanbruch haben wir Lübben, die letzte Station erreicht und fahren nunmehr am Rande des hier beginnenden Spreewaldes hin, der sich anscheinend endlos, und nach Art einer mit Heuschobern und Erlen bestandenen Wiese, zur Linken unseres

Paul-Gerhardt-Kirche

Weges dehnt.« Ob Paul Gerhardt so seinen Einzug in Lübben erlebte, wie es Theodor Fontane in seinen »Wanderungen durch die Mark Brandenburg« im 4. Band beschrieb, wissen wir nicht. Bekannt ist aber sein Amtsantritt als Archidiakon mit der Amtseinführung am 16. Juni 1669. Paul Gerhardt kam von Berlin, wo er als Diakon der Nikolaikirche eine Auseinandersetzung mit dem preußischen König gehabt hatte.

Paul Gerhardts dichterisches Lebenswerk war abgeschlossen, als er nach Lübben kam. Nur wenige Einzelwerke sind hier entstanden. Zu nennen wäre das Testament für seinen einzigen Sohn, Paul Friedrich, das als kleines Meisterwerk der Prosa Ratschläge für das tägliche Leben beinhaltet.

Die Wirkungsstätte des Dichters gehört zu den Sehenswürdigkeiten der Stadt. Als die Kirche 1930 restauriert wurde, erhielt sie den Namen »Paul-Gerhardt-Kirche«. Anläßlich des 300. Geburtstages von Paul Gerhardt wurde 1907 ein Denkmal des Dichters aufgestellt, in dessen Sockel vier seiner bekanntesten Liedverse eingemeißelt sind. Die im 2. Weltkrieg zerstörte Haube des Kirchturmes an der Paul-Gerhardt-Kirche wurde am 11. Juni 1988 wieder aufgesetzt.

An das Wirken von Paul Gerhardt erinnern in Lübben sowohl eine nach ihm benannte Straße als auch das Gymnasium, das künftig wieder seinen Namen tragen soll. Dem Reisenden bietet die Spreewaldstadt in landschaftlich einmalig schöner Umgebung ausreichend Muße und Besinnung auf den Spuren des großen Liederdichters.

Literarische Bezugspunkte: Paul-Gerhardt-Kirche mit Denkmal, Grabstätte des Freiherrn Ernst von Houwald.

Weitere Sehenswürdigkeiten: Schloßturm mit Wappensaal und Gaststätte »Historischer Weinkeller«, Stadtmauer mit Trutzer.

 Fremdenverkehrsverein Spreewaldkreis Lübben e.V., Lindenstr. 14, 15907 Lübben, Tel. 586/30 90

Magdeburg

GELIEBT UND BELÄCHELT

Wie ein Mosaik fügen sich Anekdoten und Lebenserinnerungen zusammen und ergeben das Bild einer Stadt, die Literaten und Musikern seit langem verbunden ist.

Über vierzig Jahre wirkte der Reformationsdichter Georg Rollenhagen am Altstädtischen Gymnasium, das Luther als Krone aller Schulen pries. Für die Schülerschauspiele auf dem Marktplatz schrieb Rollenhagen sein Stück »Vom reichen Mann und armen Lazaro«. Vom Erfolg ermutigt schuf er das 20.000 Reimverse umfassende Tierepos »Der Froschmeuseler«. Erinnerungen an die Jugendzeit in der Elbestadt flossen in Carl L. Immermanns »Me-

Kloster »Unser Lieben Frauen«

morabilien« ein, seine Eindrücke vom wenig entfernten Schloß Leitzkau beleben die Satire »Münchhausen«. Heine besuchte seinen Magdeburger Freund 1824 und schätzte ihn als »großen Dichter« und »alten Waffenbruder ... in der Literatur«. Der Volksschriftsteller Johann H. D. Zschokke, ein Weggefährte Pestalozzis, schrieb in der Autobiographie »Eine Selbstschau« über seine Heimatstadt, daß sie ihm »lieb und theuer ... geblieben ist«. Auch Wilhelm Raabe fand hier sein Glück — eine Buchhändlerlehre und den Stoff für den historischen Roman »Unseres Herrgotts Kanzlei«. »Magdeburg ist nicht phantastisch«, spöttelte der Dramatiker Georg Kaiser. Mit über 40 Uraufführungen von 1915 bis 1933 übertraf er die Bühnenkarriere seiner Zeitgenossen. Während ihm das Publikum im Ausland zujubelte, brannten in Deutschland seine Bücher. Exiljahre durchlebte auch Erich Weinert, der bei der hiesigen Künstlerzeitschrift »Die Kugel« seine ersten Gedichte veröffentlichte. Georg Philipp Telemann schrieb 1740, daß er an der Domschule die »Liebe zur deutschen Dichtkunst« entdeckte. Hier entstand auch seine erste Oper »Sigismundus«. Brave Bürger warnten Telemanns Mutter, ihr Sohn würde ein »Gaukler, Seiltänzer, Murmeltierführer« werden, wenn man ihm nicht die Musik entzöge. Nun, ein Gaukler ist er nicht geworden, aber einer der größten deutschen Komponisten, der auch Gedichte, Opern- und Kantatentexte verfaßte. Sein Werk ist in Magdeburg lebendig. So erklingen Kompositionen bei den »Sonntagsmusiken« (jedes erste Wochenende im Monat) in der Kloster-Konzerthalle »G. P. Telemann«. Und alle zwei, drei Jahre finden die Telemann-Festtage statt. Weltweit anerkannt ist das Zentrum für Telemann-Pflege und -Forschung.

Literarische Bezugspunkte: Literaturhaus (Weinerts Geburtshaus): u. a. ständige Ausstellung zu Weinert und ab Mitte '95 zu Kaiser, Telemann-Denkmal, Glocke mit Namen des Komponisten-Vaters (Wallonerkirche).

Weitere Sehenswürdigkeiten: Dom, Kloster, Domplatz/Hegelstraße, Gruson-Gewächshäuser, Elbpromenade.

 magdeburg information, Alter Markt 9, 39104 Magdeburg, Tel.: 03 91/3 16 67

CLARA VIEBIG
AUF DAS LEBEN KAM ES IHR AN

Clara Viebig, 1860 in Trier geboren, gilt in der deutschen Literatur als die große Dichterin der Eifel. Ihre zahlreichen Werke machten sie zu einer der am meisten gelesenen Autorinnen ihrer Zeit. Ihre Romane, Novellen, Dramen und Erzählungen sind äußerst naturalistisch-realistisch, geprägt von ihrem Lehrmeister Emile Zola. Nach einer kurzen Zeit der Vergessenheit, vor allem während des Dritten Reiches, beweist die Neuedition wichtiger Ausgaben die ungebrochene Popularität der großen Autorin des deutschen Spätnaturalismus.

»Clara Viebig-Brunnen«
Eisenschmitt

Unbestritten ist ihr Verdienst, die bis dahin nahezu unbekannte Eifel mit ihrem Novellenband »Kinder der Eifel« (1897) und mit den Werken »Das Weiberdorf« (1900) und »Naturgewalten« (1905) in die deutsche Literatur eingeführt zu haben. »Augen der Eifel«, so bezeichnete Clara Viebig die stillen vulkanischen Eifelseen, heute Ziel zahlreicher Besucher. Durch ihre prächtigen Landschaftsbilder, in denen die Seele ihrer frühen Heimat wiederklingt, und durch ihre Einfühlung in das Wesen der Bewohner dieser Landschaft hat sie Land und Menschen in den Blickpunkt eines weitgespannten Leserkreises gerückt. »Das Weiberdorf« (Eisenschmitt) ist ein humorvoller Tusch auf alleingelassene Frauen, deren Männer als Gastarbeiter ins Ruhrgebiet gezogen sind. Die Kapelle Buchholz und das Weinfelder Maar sind Schauplätze ergreifender Novellen; im »Müllerhannes« (Meerfeld) spiegelt sich die Tragik einer verarmenden Familie wider. In scharfen Konturen zeichnet die Dichterin ihre Szenen. Unmittelbar und echt ist ihre Gesprächsführung, die sie der Umwelt oft mit stenografischer Genauigkeit ablauscht.

Clara Viebig weilte häufig in und um Manderscheid, und noch heute bietet der Ort mit den umliegenden Gemeinden die beste Möglichkeit, ihre Spuren und literarischen Vorbilder nachzuerleben und die »Kinder der Eifel« kennenzulernen.

Literarische Bezugspunkte: Heimathaus Manderscheid (Abteilung über Clara Viebig), Rathaus Manderscheid (Sammlung der Werke Clara Viebigs), Eisenschmitter Brunnen (mit Motiven des Romans »Das Weiberdorf«), Maare (»Augen der Eifel«), Kapelle Buchholz.

Weitere Sehenswürdigkeiten: Ober- und Niederburg Manderscheid, Windsborn Kratersee, Meerfelder Maar, Eckfelder Trockenmaar, Lebensbaumkirche Manderscheid, Geo-Route Manderscheid, Weinfelder Maar, Historische Schneidemühle Meisburg, Glockengießerei in Bockscheid.

 Kurverwaltung/Tourist-Information, Kurhaus, 54531 Manderscheid, Postfach 83, Tel. 0 65 72/89 49, Fax 0 65 72/89 51

Meiningen

Baumbachhaus

VOM MÄRCHENDICHTER BIS ZUR KLASSISCHEN LITERATUR

Meiningens Literaturgeschichte weist einige berühmte Namen auf und ist durch ganz verschiedene Handschriften geprägt. Vom jungen Schiller während seines Bauerbacher Exils berührt, diente die Stadt dem Prosaschriftsteller Jean Paul für zwei Jahre als Wohnort. Sie war Heimat für den Märchendichter Ludwig Bechstein und für Rudolf Baumbach, den Schöpfer des Textes »Hoch auf dem gelben Wagen«. Während Baumbach und Bechstein seit ihrer Kindheit mit Meiningen verbunden waren und die wunderschöne Umgebung der Stadt zur Quelle ihrer volksnahen Poesie wurde, kamen Schiller und Jean Paul, sozusagen zum Aufatmen, hierher. Schiller wurde während seiner Bauerbacher Zeit von Meiningen aus durch den Hofbibliothekar W.F.H. Reinwald unterstützt, der ihn mit Tinte, Papier und Tabak, aber auch mit Büchern aus der Hofbibliothek versorgte, die der junge Dichter zu Vorstudien für »Don Carlos« und »Maria Stuart« nutzte. Durch die Heirat seiner älteren Schwester und Vertrauten Christophine mit Reinwald unterhielt Schiller auch später Kontakte nach Meiningen. Christophine Reinwald liegt auf dem Meininger Friedhof begraben.

Auf der Suche nach einem geeigneten Platz für sein junges Familienglück und für ruhiges Arbeiten folgte Jean Paul einem günstigen Angebot des Herzogs Georg I. von Sachsen-Meiningen. Er schrieb hier den dritten und vierten Band seines Romanwerkes »Titan« und bildete von 1801 bis 1803 den Mittelpunkt des intellektuellen Lebens in der Stadt. Werk und Leben der vier genannten Persönlichkeiten findet man im Literaturmuseum, dem ehemaligen Wohnhaus des Dichters Rudolf Baumbach, ebenso dokumentiert wie durch Denkmale, Erinnerungstafeln, Grabstätten und den Meininger Bechstein-Brunnen im Englischen Garten. Noch immer atmet die Stadt die einst von den Herzögen beförderte Atmosphäre, die auch die Dichter inspirierte.

Der Reisende auf Schillers Spuren sollte unbedingt einen Abstecher in das nahe gelegene Bauerbach zum dortigen Schillerhaus unternehmen. Wenn er von dort den hinter der Gastwirtschaft (in der Schiller seinerzeit Schulden machte) beginnenden Waldweg zum Fritzeberg hinaufsteigt, tritt er buchstäblich in die Fußstapfen des Dichters.

Literarische Bezugspunkte: Baumbachhaus (Literaturmuseum), Wohnhäuser von Bechstein, Reinwald und Jean Paul, Parkfriedhof, Bauerbach (Schillerhaus).

Weitere Sehenswürdigkeiten: Schloß Elisabethenburg mit »Staatliche Museen Meiningen«, Meininger Theater, Historische Innenstadt mit Stadtkirche, Töpfermarkt, Brunnen und viele Baudenkmäler, Schloß Landsberg.

 Tourist-Information Meiningen, Bernhardstr. 6, 98617 Meiningen, Tel. 0 36 93/27 70

Merseburg

STADT DER ZAUBERSPRÜCHE

Kein Geringerer als Jacob Grimm schlug 1842 vor, die ältesten bekannten deutschen Literaturdenkmale heidnischen Inhalts nach ihrem Fundort Merseburg zu benennen. Im Jahr zuvor waren jene beiden stabreimenden althochdeutschen Beschwörungsformeln, die Merseburger Zaubersprüche eben, in der altehrwürdigen Merseburger Domstiftsbibliothek entdeckt worden. Entstanden sein dürften sie jedoch spätestens Mitte des 8. Jahrhunderts, aufgezeichnet im Kloster Fulda wohl im 10. Jahrhundert.

Während der erste Merseburger Zauberspruch Gefangenen die Fesseln lösen soll, diente der zweite der Besprechung eines

Dom und Schloß

verletzten Pferdebeines. Ein Duplikat der wohlverwahrten Originale ist im Merseburger Dom zu entdecken.

Den Grundstein für diesen beeindruckenden Bau legte Bischof Thietmar, der in Merseburg von 1009 bis 1018 residierte und insbesondere durch seine Arbeit als Chronist weithin bekannt wurde. Seine Chronik wurde 1580 erstmals in Latein und 1790 in deutscher Übersetzung gedruckt. Seitdem sind zahlreiche kommentierte und unkommentierte Ausgaben dieser für die sächsische und deutsche Geschichtsschreibung wichtigen Arbeit erschienen.

Im Jahre 1993 stifteten die Städte Merseburg und Leuna gemeinsam den Walter-Bauer-Literaturpreis, der 1994 erstmals und von da an alle zwei Jahre vergeben werden soll. Der 1904 in Merseburg geborene und 1976 in Toronto/Kanada verstorbene Walter Bauer wurde vor allem durch sein 1930 erschienenes Buch »Stimme aus dem Leunawerk« bekannt. Sein etwa 80 Bücher, Hörspiele, Dramen, Essays und Tagebücher umfassendes Gesamtwerk drückt sein unbändiges Verlangen nach Freiheit, Selbständigkeit und Ungebundensein aus. Durch seine Botschaft der Menschlichkeit und sein Bekenntnis zu weltumspannendem Humanismus zählt Walter Bauer zu den namhaften deutschen Autoren des 20. Jahrhunderts.

Literarische Bezugspunkte: Dom St. Laurentii et Johannes baptistae mit Grab Bischof Thietmars, Domstiftsbibliothek, Walter-Bauer-Bibliothek, einstige Wohnhäuser Walter Bauers in der Herweghstraße 8 und Rosa-Luxemburg-Straße 22, Grab des Heimatschriftstellers Siegfried Berger auf dem Altenburger Friedhof.

Weitere Sehenswürdigkeiten: Gesamtes Dom- und Schloßensemble, romanische Neumarktkirche St. Thomae, Altstadt mit Altem Rathaus, Stadtkirche St. Maximi und Markt, Gotthardteich, Sixti-Ruine, Reste der mittelalterlichen Burg- und Stadtbefestigung; Bad Lauchstädt mit hist. Kuranlagen und Goethetheater, ca. 10 km entfernt. Universitätsstadt Halle mit Händelhaus, ca. 15 km entfernt. Universitäts- und Messestadt Leipzig, ca. 35 km entfernt.

 Merseburg-Information, Fremdenverkehrsbüro, Burgstraße 5, 06217 Merseburg, Tel. 03461/21 41 70

Mittweida

Blick auf Mittweida

DIE HOCHSCHULSTADT IM ROMANTISCHEN ZSCHOPAUTAL

Mittweida, 1286 erstmals als Stadt erwähnt, liegt im Erzgebirgsvorland in der Nähe von Chemnitz. Weit über Sachsens Grenzen hinaus bekannt wurde Mittweida vor allem durch das 1867 gegründete Technikum, die heutige Hochschule für Technik und Wirtschaft (FH). Neben zahlreichen berühmten Absolventen dieser Bildungseinrichtung, wie z. B. Alfred Horch, Friedrich Opel und Bernhard Schmidt, lebten bzw. verweilten auch Kunst- und Literaturschaffende in Mittweida. Einer der größten Poeten des 17. Jahrhunderts, der 1609 in Hartenstein geborene Paul Fleming, besuchte die Lateinschule in Mittweida, nachdem seine Familie 1615 nach Topfseifersdorf gezogen war.

Karl May verschlug es in den Jahren 1869 und 1870 nach Mittweida, wenn auch unfreiwillig. Er saß wegen Diebstahl und Hochstapelei in Untersuchungshaft in einer Zelle des Mittweidaer Gefängnisses. Im April 1870 wurde er im königlichen Bezirksgericht, Markt 32, das nach der Rekonstruktion 1992 genutzt wird als Rathaus genutzt wird, wegen Betrugs zu mehreren Jahren Haft verurteilt. Mittweida wurde in Karl Mays Werken nie erwähnt. Anders Erich Loest! In vielen seiner Bücher spielen Mittweida und Persönlichkeiten dieser Stadt eine bedeutende Rolle. Der 1926 in Mittweida geborene Schriftsteller verbrachte seine Kindheit und Jugend in der Stadt an der Zschopau. Das Geburtshaus Erich Loests befindet sich am Pfarrberg 12 unweit der Stadtkirche. E. Loest besuchte die Realschule am Schwanenteich und wurde am Ende des 2. Weltkrieges als Soldat eingezogen. In seinem Romandebüt »Jungen, die übrig blieben« schildert er die Nachkriegsjahre in seiner Heimatstadt. 1992 wurde Erich Loest Ehrenbürger von Mittweida.

Mittweida, ab 1994 Kreisstadt, ist stets ein lohnendes Ausflugsziel für jung und alt. In der unter Denkmalschutz stehenden Altstadt gibt es viele Sehenswürdigkeiten. Mittweida ist auch eine Stadt im Grünen. Mehrere Parkanlagen sowie das romantische Zschopautal, die »Mittweidaer Schweiz« mit den anmutigen Höhen, schroffen Felsen und sanften Auen, laden zu Spaziergängen ein. Die 9 km lange Talsperre Kriebstein, die bei Mittweida beginnt, ist Anziehungspunkt für viele Erholungssuchende.

Literarische Bezugspunkte: Stadtarchiv (ehem. Gefängnis), Rathaus am Markt (ehem. königl. Bezirksgericht), Stadtkirche »Unser Lieben Frauen«, Schwanenteichanlagen, Gymnasium, Markt, Talsperre Kriebstein.

Weitere Sehenswürdigkeiten: Heimatmuseum, Raumfahrtmuseum, Besucherbergwerk in Schönborn-Dreiwerden-Seifersbach, Burg Kriebstein.

 Mittweida-Information, Rochlitzer Str. 58, 09648 Mittweida, Tel. 03727/22 41, Fax 96 71 80

Literarische Spurensuche in Deutschlands »schönster« und »vornehmster« Stadt

An Münster-Komplimenten leidet die Kulturgeschichte keinen Mangel. Ricarda Huch, die Historikerin, prägte das Wort von der »vornehmsten« unter den deutschen Städten, Theodor Heuss schließlich hat sie die »schönste« genannt, und noch immer spürt der Besucher in Baugeschichte und Mentalität jene noble Zurückhaltung, die Ricarda Huch in die Worte kleidet: »Da, wo das Ganze zum Ausdruck kommen soll, wird Pracht entfaltet, aber die Noblesse der Linie kühlt sie... Wo ir-

Rathaus und Stadtweinhaus

gend Überschwang erscheint, wirkt er nicht als Sichgehenlassen, sondern als eine Schönheitsfülle, zu der Adel und Reichtum verpflichten.« Ins Zentrum europäischer Kulturgeschichtsschreibung rückte die mittelalterliche Stadt zum erstenmal, als die Wiedertäufer 1534/35 ihr »himmlisches Jerusalem« errichteten. Bis heute zieht diese faszinierende Episode der Stadtgeschichte Forscher und Literaten in ihren Bann. Gut 100 Jahre später ist es der Westfälische Friede, der die Aufmerksamkeit Europas auf die Stadt richtet. Wieder ein Jahrhundert weiter ist es der Kreis um Franz von Fürstenberg und die Fürstin Gallitzin, die mit allen wichtigen Zeitgenossen Umgang pflegen und die Stadt zu einem Mittelpunkt der Geistesgeschichte machen. Ihr bedeutendster Gast ist der Königsberger Philosoph und Schriftsteller Johann Georg Hamann, auch der »Magus des Nordens« genannt, der am 21. Juni 1788 im Buchholtz'schen Stadthaus am Alten Fischmarkt stirbt. Sein Grab befindet sich auf dem Überwasserfriedhof. Goethe weilte im Dezember 1792 bei der Fürstin und ihren Freunden in der Grünen Gasse. Literarischen Weltruhm verdankt das Münsterland mit seiner Metropole jedoch in erster Linie Annette von Droste-Hülshoff, die 1797 auf der Burg Hülshoff das Licht der Welt erblickte und später im Rüschhaus, dem Witwensitz der Mutter, viele ihrer bedeutendsten Werke schuf. Auf ihre Ballade »Der Knabe im Moor« und auf die »Judenbuche« kann seit mehr als 100 Jahren kein Deutschunterricht verzichten. Sie hat vor allem in den Gedichten ihrer Heimat einen Platz in der Weltliteratur gesichert. Allein die Droste-Spurensuche lohnt die Reise nach Münster. Die Namen bedeutender Literaten, die in der Stadt lebten oder sie literarisch verewigten, sind Legion. Als Höhepunkt des gegenwärtigen literarischen Lebens findet alle zwei Jahre das internationale Lyrikertreffen statt, das von der Stadt Münster in Zusammenarbeit mit der Droste-Gesellschaft und dem Literaturverein Münster durchgeführt wird.

Literarische Bezugspunkte und Sehenswürdigkeiten: siehe J. Bergenthal: Münster steckt voller Merkwürdigkeiten; W. Neumann: Münster. Ein Stadtführer.

 Stadtwerbung und Touristik, 48127 Münster, Tel. 0251/492-27 10, Fax 492-77 43

Neckargemünd

Neckargemünd

GOETHE: »EINE ARTIGE REINLICHE STADT«

Auf seiner Reise in die Schweiz kam Johann Wolfgang von Goethe, von Heidelberg kommend, am 27. August 1797 durch Neckargemünd. In seinem Reisetagebuch beschreibt er die Lage Neckargemünds im Neckartal und vermerkt anerkennend das obige Kompliment. Auch das im Jahre 1788 vollendete klassizistische Stadttor, errichtet zu Ehren des Kurfürsten Karl Theodor, findet seine Anerkennung, »neu und gut gebaut« nennt er es.

Ganz anders als Goethe beurteilt der alemannische Volksschriftsteller und Theologe Heinrich Hansjakob das Neckargemünder Triumphtor für den Kurfürsten. Es ist für ihn unbegreiflich, daß solch ein Bau von der Stadt errichtet wurde, und dies »...wenige Jahre vor der französischen Revolution und zu Ehren eines Fürsten, der in alleweg französischer Art Hof hielt, dessen Hofleben das Land aussaugte und dessen Wildstand und Parforcejagden, welche jährlich einen Aufwand von 80.000 Gulden verursachten, die Bauern zur Verzweiflung brachten.« Heinrich Hansjakob hielt sich im Juni 1903 in Neckargemünd auf. Er beschreibt auch die Villa des Weingroßhändlers und Reichstagsabgeordneten Julius Menzer, eine 1892 im Gründerzeitstil erbaute Villa.

Der amerikanische Schriftsteller Mark Twain bereiste 1878 Deutschland und hielt sich fast zwei Monate lang in Heidelberg auf. Einer seiner Ausflüge ins Neckartal führte ihn auch nach Dilsberg, heute ein Stadtteil von Neckargemünd. Mark Twain beschreibt den Ort und das Leben seiner Bewohner ausführlich: »Dilsberg — ein Berg, der dicht mit grünem Gebüsch bedeckt ist, ein hübscher, wohlgestalteter Berg, der jäh aus der Eintönigkeit der umgebenden grünen Ebenen emporragt, aus großer Entfernung von den Windungen des Flusses her sichtbar ist und oben auf dem Scheitel gerade genug Platz hat für sein mit Türmen, Spitzen und dichtgedrängten Dächern geschmücktes Käppchen aus Gebäuden, die zusammengedrängt und zusammengepreßt innerhalb des vollkommen runden Reifens der alten Stadtmauer liegen.«

Inzwischen ist Neckargemünd mit einem umfangreichen Freizeit- und Kulturangebot einer der beliebten Ausflugs- und Erholungsorte im Naturpark Neckartal-Odenwald. Goethes und Mark Twains anerkennende Urteile über die Stadt würden heute vermutlich nicht anders ausfallen.

Literarische Bezugspunkte: Stadttor, Altstadt mit Fachwerkhäusern, Dilsberg.

Weitere Sehenswürdigkeiten: Altes Rathaus mit Museum, Menzer-Villa, Stadtmauer, Fachwerkhäuser, Burgfeste (Dilsberg).

ℹ Fremdenverkehrsamt Neckargemünd, Hauptstr. 25, 69151 Neckargemünd, Tel. 06223/3553, Fax 804210

GEBURTSORT SCHINKELS UND FONTANES

Die 800jährige Stadt am Ufer des malerischen Ruppiner Sees ist das Herz der Grafschaft Ruppin, ein Landstrich, wo preußische Geschichte geschrieben wurde. Hier und anschließend im nahen Rheinsberg verbrachte Friedrich der Große als Kronprinz entscheidende Jahre. Neuruppin ist der Geburtsort Theo-

Schinkel-Räume im Heimatmuseum

dor Fontanes, Karl-Friedrich Schinkels und der Neuruppiner Bilderbogen — alle beliebt und verehrt bis heute. Der Stadtkern Neuruppins wurde nach einem großen Brand 1787 nahezu völlig nach einem einheitlichen Konzept neu aufgebaut. Heute steht diese einmalige frühklassizistische Stadtanlage unter Denkmalschutz. Schinkel empfing hier wesentliche Impulse für die Ausprägung seiner sich früh zeigenden künstlerischen und gestalterischen Fähigkeiten. Zwei Jahrzehnte später war er bereits der führende Architekt Preußens. Ein Denkmal nahe der Pfarrkirche St. Marien erinnert an den großen Baumeister.

Das Wohnhaus der Predigerwitwe Schinkel, in dem Karl Friedrich seine Kinderjahre verbracht hat, ist einige Schritte vom Denkmal entfernt zu sehen. Nur logisch, daß Neuruppin auch Sitz der internationalen Schinkel-Gesellschaft ist. Schinkel war bereits ein berühmter Mann, als 1819 in der Neuruppiner Löwenapotheke Theodor Fontane zur Welt kam. Von hier aus unternahm er seine Streifzüge durch die Mark Brandenburg und widmete seiner alten Grafschaft Ruppin den ersten Band der »Wanderungen«. Etwa um diese Zeit begann Gustav Kühn, gleich gegenüber dem Fontaneschen Geburtshaus, die umfassendere Produktion der Neuruppiner Bilderbogen, die bald die Nummer 1 unter den beliebten Bilderbogen wurden. Ihre Popularität ist bis heute ungebrochen. Die farbigen Bilder mit ihren humorvollen dichterischen Informationen und Belehrungen berichten von Schmerz und Leid, Liebe und Glück. Das Neuruppiner Museum beherbergt die größte Sammlung dieser heute so seltenen und begehrten Bogen. Andere Räume des Museums sind dem Werk Fontanes und Schinkels gewidmet. Neuruppin hat sich auch als Tor zur Ruppiner Schweiz einen Namen gemacht, seitdem Fontane diesen reizvollen Landstrich einer großen lufthungrigen Leserschar anpries. Naturliebhaber, Wanderer und Wassersportler finden hier einzigartige Erholungsmöglichkeiten.

Literarische Bezugspunkte: Geburtshaus Fontanes (Gedenktafel), Museum mit Ausstellungsräumen zu Fontane, Schinkel und den Neuruppiner Bilderbogen, Fontane-Denkmal. Im nahen Rheinsberg: Schloß mit Tucholsky-Gedenkstätte.

Weitere Sehenswürdigkeiten: Frühklassizistische Stadtanlage, Schinkel-Denkmal, Klosterkirche St. Trinitatis (von Schinkel restauriert), Ruppiner See.

 Fremdenverkehrsamt, August-Bebel-Str. 14/15, 16816 Neuruppin, Tel. 03391/23 45

Landkreis Nordhausen Thüringen

Käthe-Kollwitz-Haus

Heimat Rudolf Hagelstanges

»Und tausend Jahre lag sie so am Hange und wuchs ... Da kam ein Tag, wie Tage des Gerichts. Und sie zerbrach...«

Diese Verse stammen von Rudolf Hagelstange, der 1912 in Nordhausen (Harz) geboren wurde. Zum Ende seines Lebens schrieb er die zweibändige Nordhäuser Familien-Saga »Das Haus oder Balsers Aufstieg« (1981) und »Der Niedergang. Von Balsers Haus zum Käthe-Kollwitz-Heim« (1983). Im Mittelpunkt steht die Familie des der SPD angehörenden Arztes Dr. Schultes, der sich Vor dem Hagentor 2 ein gastfreundliches Haus baute. Vom August 1943 bis Juli 1944 fand Käthe Kollwitz hier Zuflucht. Hagelstange verkehrte in diesem Haus und erlebte die greise Künstlerin. Aus dem Krieg kehrte er 1945 nach Nordhausen zurück und brachte die Sonette des »Venezianischen Credos« mit. Seine Geburtsstadt lag zerbombt darnieder. Hagelstange wurde Mitbegründer des Kulturbundes. 1946 verzog er nach Westfalen. Erst nach der Wende konnte er, der 1984 verstarb, nach Nordhausen »zurückkehren«. Eine von der Stadt Hanau gestiftete Porträtbüste steht in der nach ihm benannten Stadtbibliothek.

In Hainrode wurde Friedrich August Wolf, der Begründer der Altertumswissenschaften, 1759 geboren. 1785 berief ihn die Universität Halle zum Professor der Philologie. Richtungsweisend wurde seine »Prolegomena ad Homerum« (1795), mit der er die Homer-Forschung einleitete und der Literaturgeschichte, der Geschichtswissenschaft und der theologischen Forschung Impulse gab. Er stand Zeit seines Lebens mit Wilhelm von Humboldt in geistig-freundschaftlicher Verbindung. Den Jahreswechsel 1792/93 verbrachte er mit der jungen Familie des Gelehrten in Auleben. Im Humboldtschen Schloß in Auleben wird dieser Begegnung gedacht.

Ein Bekannter dieser beiden war der 1748 geborene Schriftsteller Leopold Friedrich Günther Goeckingk. In dem Harzstädtchen Ellrich schuf er während 10 Jahren die Mehrzahl seines dichterischen Werkes (Versepisteln, Sinngedichte, Naturlyrik). Eng befreundet war er mit Wilhelm Ludwig Gleim und Gottfried August Bürger. Durch seine umfangreiche Korrespondenz stand er mit vielen Geistesgrößen im Gedankenaustausch. Sein Neues Haus in Ellrichs Nähe sah oft Gäste. Karl Kraus entdeckte Goeckingk für das 20. Jahrhundert.

Literarische Bezugspunkte: siehe Text

Weitere Sehenswürdigkeiten: in Nordh.: Dom, St.-Blasii-Kirche, Renaissancerathaus mit Roland, romanische Pfeilerbasilika in Münchenlohra, Burganlage in Amt Lohra mit romanischer Doppelkapelle.

 Tourist-Information Nordhausen, Markt 15, 99734 Nordhausen, Tel.: 0 36 31/69 65 40

Im »Paradies Westfalens«

Die Kulturgeschichte der Grenz-
stadt Nordhorn wurde lange
Zeit wesentlich von dem in früheren Jahrhunderten als »Paradies Westfalens« bekannten Kloster Frenswegen geprägt. Vor
den Toren der Stadt nahm das
Augustinerchorherrenstift, heute übrigens in Niedersachsen
gelegen, in der Gemeinschaft

Kloster Frenswegen

der Windesheimer Kongregation im ausgehenden Mittelalter eine führende
Stellung ein. Bedeutende Gelehrte, unter ihnen Nikolaus von Kues, der als
der erste moderne Denker des Abendlandes gilt, waren Gäste des Klosters.

Auch Thomas von Kempen, dessen »Nachfolge Christi« als mittelalterlicher
Bestseller in alle Kultursprachen übersetzt wurde, lebte und wirkte eine Zeitlang im Kloster Frenswegen, das damals noch Sankt Marienwolde hieß.

Berühmt wurde das Augustinerchorherrenstift neben seiner Führungsrolle in
der vorreformatorischen Erneuerungsbewegung »Devotio moderna« vor allem durch seine umfangreiche Bibliothek, die wertvolle Handschriften und
Drucke umfaßte. Infolge der Säkularisation geriet mit dem Verfall des klö-
sterlichen Lebens auch die Bibliothek in Vergessenheit. Schließlich wurden
die Restbestände 1874 an die Universität Straßburg verschenkt. Der Landkreis
Grafschaft Bentheim bemüht sich seit einigen Jahren in einer bundesweit be-
achteten Kulturaktion um die Erfassung des ehemaligen Buchbestandes. Mög-
licherweise können zum 600-jährigen Klosterjubiläum im Jahre 1994 erste
Erfolge verzeichnet werden.

Heute sind die ehrwürdigen Mauern Sitz einer Ökumenischen Stiftung, die
von sechs verschiedenen Konfessionen (Ev. Reformierte Kirche, Ev. Lutheri-
sche Kirche, Röm. Katholische Kirche, Ev. Altreformierte Kirche, Ev. Freikirch-
liche Gemeinde und Herrnhuter Brüdergemeine) repräsentiert wird. So lädt
das ehemalige »Paradies Westfalens« in seiner idyllischen Lage zwischen der
Vechte und ausgedehnten fürstlich-bentheimschen Wäldern wie in früheren
Zeiten wieder Menschen zur Einkehr und Besinnung ein.

Die nahe gelegene Stadt Nordhorn begeistert als Tor zu den Niederlanden
aufgrund einer ungewöhnlich gelungenen Innenstadtsanierung mit historisch-
städtebaulichem Brückenschlag zum früher »Klein Amsterdam« genannten
Zentrum seit Jahren viele Gäste aus dem In- und Ausland.

Literarische Bezugspunkte: Kloster Frenswegen.

Weitere Sehenswürdigkeiten: Alte Kirche am Markt, Skulpturenweg beim Kloster Frenswegen und an der Vechte, Innenstadt mit interessanten Grachten.

ℹ️ Verkehrsverein, Firnhaberstr. 17, 48529 Nordhorn,
Tel. 0 59 21/3 40 30, Fax 3 22 83

Nürnberg Bayern

Katharinenruine

MEISTERSINGER UND BLUMENORDEN

Zwei literarische Ereignisse und zwei Dichternamen sind untrennbar mit der Geschichte Nürnbergs verbunden. In den »Meistersingern von Nürnberg«, durch Richard Wagners gleichnamige Oper weltberühmt geworden, spiegelt sich die ganze Eigenart Nürnberger Kunstpraxis im 15. Jahrhundert wider. Der bis in die heutige Zeit bekannte Meistersinger, der Nürnberger Schuhmacher Hans Sachs (1494-1576), erlebte als 19jähriger auf seiner Gesellenwanderung seine Berufung zum Dichter. Im Traum hatten ihn gleich alle neun Musen geküßt, und die Damen schickten ihn geradewegs in die Singschule nach Nürnberg. Die Auswirkungen sind bekannt: Sachs machte die Meistersingerschule seiner Heimatstadt zur bedeutendsten in ganz Deutschland. Er schrieb allein 4275 Meisterlieder, die an großen Feiertagen in der St. Katharinen- und St. Marthakirche gesungen wurden. Bekannter wurde Hans Sachs freilich für seine auch heute noch gerne gespielten Schwänke.

Wer die Nürnberger Meistersinger nennt, darf den »Pegnesischen Blumenorden« nicht unerwähnt lassen. 1644 hatten zwei Dichter, der Theologiestudent Johann Klaj aus Meißen und der Nürnberger Patrizier Georg Philipp Harsdörffer, auf einer Adelshochzeit um die Wette poetisiert. Als die Gesellschaft sich nicht einig werden konnte, wem von beiden der Preis, ein Blumenkranz, gehören sollte, lösten die beiden den Kranz auf, verteilten die Blumen und proklamierten den Anfang einer Dichtergesellschaft. Der »Pegnesische Blumenorden« war geboren. Harsdörffer (1607-1658) ist einerseits Verfasser des berüchtigten »Poetischen Trichters«, einer der wichtigsten deutschen Barockpoetiken, in der er Anleitung zu einer höchst modernen geistreich-kombinatorischen Dichtungstechnik gibt, und andererseits Herausgeber und Bearbeiter umfangreicher Erzählsammlungen und damit eine Schlüsselfigur der deutschen Prosanovelle. An ihn erinnert vor allem anderen auch heute der »Irrhain«, eine Art Labyrinthgarten bei Nürnberg, den der Pegnesische Blumenorden einst angelegt hatte.

Literarische Bezugspunkte: (Hans Sachs) Denkmal am Hans-Sachs-Platz, Gedenktafel an der Stelle des im Krieg zerstörten Sachs-Wohnhauses in der Langen Gasse, Brunnen »Ehekarussell« (nach einem Sachs-Gedicht gestaltet) am Weißen Turm, Katharinenruine, St. Marthakirche. (G.P. Harsdörffer) Grab auf dem Johannisfriedhof (Grab-Nummer D 60a), Irrhain in Neunhof, Originalwerk »Der poetische Trichter« in der Stadtbibliothek.

Weitere Sehenswürdigkeiten: Kaiserburg, Germanisches Nationalmuseum, Verkehrsmuseum, Spielzeugmuseum, Kirche St. Lorenz und St. Sebald, Albrecht-Dürer-Haus, Handwerkerhof, Tiergarten, Stadtmuseum, Fembohaus, Museum Industriekultur.

ℹ Congress- und Tourismus-Zentrale Nürnberg, Postfach 4248, 90022 Nürnberg, Tel. 09 11/23 36-0, Fax 23 36 66

HÖLDERLINS »GELIEBTES NÜRTINGEN«

»Da mach' ich mich auf in meinem düstern Stüblein, seze mich
ans Fenster, blike gegen Morgen,
meinem geliebten Nürtingen
zu...«, schrieb Hölderlin 1790 an
seine Schwester Heinrike. Wer
heute in Nürtingen die Spuren
von Friedrich Hölderlin sucht,
befindet sich in guter Gesellschaft: In seinem bekannten Ro-

Nürtinger Stadtmuseum

man »Hölderlin« hat der Schriftsteller Peter Härtling versucht, sich in die Jugendjahre des Dichters in Nürtingen hineinzuversetzen. Während Härtling
selbst aus Nürtingen stammt und deshalb wußte, wo er zu suchen hatte, muß
sich der »Literaturpfadfinder« an den Stadtplan halten. Da bietet sich zunächst
der »Schweizerhof« an, das heute von der Volkshochschule genutzte Hölderlin-
Haus (Neckarsteige). Der Stiefvater des Dichters, der spätere Bürgermeister
Johann Christoph Gock, kaufte das Anwesen nach seiner Heirat mit Hölderlins Mutter im Jahr 1774. Friedrich war damals viereinhalb Jahre alt, und Nürtingen blieb nun für vier Jahrzehnte seine Heimat, eine Konstante in seinem
unruhigen Leben. Schon die Vorfahren Hölderlins waren über Generationen
hinweg in der Stadt ansässig gewesen, darunter der bedeutende Bürgermeister Johannes Hölderlin (gest. 1585).

Während seiner Schulzeit in der Nürtinger Lateinschule (Marktstraße, heute
Landwirtschaftsamt) lernte Hölderlin Friedrich Schelling kennen, dessen Onkel
Nathanael Köstlin sein Hauslehrer wurde. Auch später kehrte er häufig in
seine Heimatstadt zurück. Von hier schrieb er im Juni 1802 den berühmt ge-
wordenen Brief an Schiller. Nach einem letzten Aufenthalt in Nürtingen, wo
er offenbar schon als geistig verwirrt angesehen wurde, verließ er die Stadt
am 19. Juni 1804 endgültig. Drei Jahre später bezog er den Turmerker in Tübingen, wo er bis zu seinem Tod am 7. Juni 1843 lebte. Nach dem Tode seiner Mutter übernahm die Stadt Nürtingen die Pflegschaft für den kranken
Dichter. Erst vor kurzem wurde im Stadtarchiv eine umfangreiche »Pflegschafts-
akte« gefunden.

In Nürtingen erinnert heute eine ständige Ausstellung im Stadtmuseum in
der Wörthstraße mit Dokumenten und Texten an Friedrich Hölderlin. Hinter
der Kreuzkirche steht der Hölderlin-Brunnen mit Versen aus Hyperions
»Schicksalslied«.

Literarische Bezugspunkte: Hölderlin-Ausstellung im Stadtmuseum, Hölderlin-Haus,
Hölderlin-Brunnen, Lateinschule, Mörikehaus.

Weitere Sehenswürdigkeiten: Schillerplatz mit Kreuzkirche und Ochsenbrunnen, Block-
turm (Rest alter Stadtbefestigung), Lammbrunnen, Spital (heute Fachhochschule), Sale-
mer Hof, Zeppelinstaffel, Stadtkirche St. Laurentius, Marktplatz mit Rathausensemble,
Heinrichsquelle.

 Rathaus, Marktstr. 7, 72622 Nürtingen, Tel. 0 70 22/75-381

Oberstdorf

MENSCH UND NATUR IM EINKLANG

Gertrud von le Fort

Oberstdorf, Kur- und Erholungsort in der südlichsten Ecke Deutschlands, der Tradition verbunden und doch dem Fortschritt gegenüber aufgeschlossen, wurde zur zweiten Heimat von Gertrud von le Fort und Arthur Maximilian Miller. Zwei großartige Dichter und Freunde, bei aller Gegensätzlichkeit dennoch durch viele Gemeinsamkeiten verbunden: tiefe Religiosität, ohne Frömmelei, und Liebe zu den Menschen. Was Gertrud von le Fort und Maximilian Miller in ihren Werken zum Ausdruck brachten, ihr Bestreben, Wertvorstellungen auch in einer immer hektischer werdenden Welt zu bewahren, das alles spiegelt der Ort selbst wider. Oberstdorf ist international und modern, aber nicht mondän, und hat sich eine Atmosphäre der Ruhe und Gemütlichkeit bewahren können.

Gertrud von le Fort zeichnete sich durch ein ganzheitliches Interesse am Menschen aus, eine Maxime, die auch in Oberstdorf Gültigkeit hat. Ausdruck dieser Einstellung sind die Gründung eines Instituts für ganzheitliche Medizin sowie das vielfältige Angebot der Kurverwaltung, das nicht nur physische, sondern auch psychische Erholung vermittelt.

Millers Frömmigkeit wurzelt in der Heimat, in der Natur. In edlen Gesteinen wie dem Bergkristall sieht er Sinnbilder der Schöpfung und des Lebens. Bei Spaziergängen und Wanderungen in den Oberstdorfer Tälern kann jeder Urlauber für sich selbst diese Erfahrung nachvollziehen. Regelmäßige Bergmessen demonstrieren die Verbundenheit der Kirche mit der Natur.

Beide Dichter wurden Zeugen der Entwicklung Oberstdorfs von einem kaum bekannten Dorf zu einem international angesehenen Kur- und Erholungsort sowie Wintersportplatz mit einer der modernsten und größten Skiflugschanzen der Welt. Zweieinhalb Millionen Gästeübernachtungen jährlich beweisen die Attraktivität des Ortes. Seit 1937 ist Oberstdorf heilklimatischer Kurort und seit 1964 anerkannter Kneippkurort. Mit einem vielseitigen Angebot für jung und alt, für Sommer und Winter, trägt es allen Ansprüchen und Bedürfnissen Rechnung.

Literarische Bezugspunkte: Kornau, »die Sonnenterrasse Oberstdorfs« und Wohnort von Arthur Maximilian Miller, Wohnhaus von Gertrud von le Fort »Im Haslach«, Büste der Dichterin im Kurhaus, Sankt Johannes Baptist-Kirche (gebaut 1411, 1865 beim großen Brand vernichtet, wiederaufgebaut im neugotischen Stil) und Lorettokapellen, Seelenkapelle.

Weitere Sehenswürdigkeiten: Oberstdorfer Hochgebirgstäler, Breitachklamm, Bergbahnen (auf Nebelhorn, Fellhorn und Söllereck), Eislaufzentrum, Skiflugschanze, Brandungsbad, Heimatmuseum, 84 km Loipen und 200 km Wanderwege (im Winter 140 km).

i Kurbetriebe Oberstdorf, Marktplatz 7, 87561 Oberstdorf
Tel. 0 83 22/70 02 22, Fax 70 02 36, Btx *8322700#, Telex 5 44 44

Zu Besuch bei Johann Heinrich Voss in Otterndorf

Im Jahre 1778 gelang es dem im literarischen Deutschland als Herausgeber des »Musenalmanachs« bekannten Dichter und Übersetzer Johann Heinrich Voß nach vielen vergeblichen Bemühungen, an der Mündung der Elbe in dem Städtchen Otterndorf die Stelle eines Rektors der Lateinschule zu erhalten. Voß, dessen Lieder zwar in ganz Deutschland gesungen wurden und dessen Name einen ausgezeichneten Ruf in allen deutschen Kulturmetropolen genoß, war es nicht gelungen, in Wandsbek oder Hamburg beruflich seßhaft zu werden. Bei seinen Bemühungen in Hamburg um die Stelle eines Konrektors am

Historisches Otterndorf

»Johanneum« war er nicht zuletzt am Widerstand des durch den Streit mit Lessing bekannten Hauptpastors Goeze, eines strengen Verfechters kirchlicher Orthodoxie, gescheitert. So folgte er mit Freuden dem Ruf nach Otterndorf.

Voß, der trotz vager Zukunftsaussichten und nach dem vorläufigen Scheitern einer freien Schriftstellerexistenz noch in Wandsbek Ernestine Boie, die Schwester seines Freundes und »Hainbruders« Heinrich Christian Boie, geheiratet hatte, freundete sich schnell mit den Gegebenheiten in der ländlichen Idylle an. Vor allem beeindruckte ihn die soziale Struktur des bäuerlichen Lebens mit den von kirchlicher und weltlicher Obrigkeit relativ unabhängigen Höfen. Der Unterricht und eine allzu karge Besoldung — im damaligen Schulwesen allgemein üblich — machten ihm zwar zu schaffen, und mancher Brief an die Freunde Claudius, Klopstock oder an den Grafen Stolberg enthält einen Hinweis auf die Mühsal der täglichen Brotarbeit, andererseits blieb ihm jedoch genügend Zeit für seine schriftstellerische Tätigkeit und die Verwirklichung seiner großen Übersetzungspläne. Schon im Jahre 1781 kann er in der Stille des Hadelner Landes seine bahnbrechende Übersetzung von Homers »Odyssee« abschließen, wobei ihm der Kunstgriff gelingt, das antike Versmaß in die deutsche Sprache zu übertragen. Trotz vielfacher Auseinandersetzungen in der gelehrten Welt wegen seiner am griechischen Versmaß orientierten Übersetzung bescheinigt ihm kein Geringerer als Goethe in einer Würdigung »unsterbliche Verdienste«.

Die Stadt Otterndorf pflegt das Andenken an Johann Heinrich Voß heute sowohl im Kreismuseum »Kranichhaus«, in der alten Lateinschule, als auch im aufwendig restaurierten Voß-Haus, dem ehemaligen Wohnsitz des Dichters.

Literarische Bezugspunkte: Kranichmuseum, Alte Lateinschule, Voß-Haus

Weitere Sehenswürdigkeiten: Hist. Rathaus; St.-Severi-Kirche (»Bauerndom« mit reicher Innenausstattung); Schloß mit Torbau; studio a (Museum für moderne Kunst); Schöpfwerk.

> **ℹ** Tourist-Information Stadt Otterndorf, Postfach 1163, 21762 Otterndorf
> Tel. 0 47 51 / 1 31 31, Fax 1 31 03

Passau

Anfang des Nibelungenliedes

UNS IST IN ALTEN MEREN WUNDER VIL GESEIT...

Unter den großen europäischen Kulturstädten nimmt die alte Fürstbischöfliche Residenzstadt Passau (Alexander von Humboldt soll sie zu den sieben schönsten Städten der Welt gezählt haben) schon deshalb einen besonderen Rang ein, weil die Geistesgeschichte ihr eines der größten und ältesten Werke abendländischer Kultur verdankt: Das Nibelungenlied. Der Passauer Bischof Wolfger gab um 1200 dem unbekannten Dichter den Auftrag, die Geschichte der Nibelungen aufzuschreiben. Sein Vorgänger, Bischof Pilgrim, aus dem Geschlecht der burgundischen Königshauses, dürfte mit der Geschichte des sagenumwobenen Volkes und ihrer Helden aufs beste vertraut gewesen sein. So ist es keineswegs verwunderlich, daß sein Name im Nibelungenlied mehrfach erwähnt wird. Im großen Saal des gotischen Rathauses erinnert heute das große Nibelungenfresko (Ferdinand Wagner) an die berühmte Überlieferung.

So sehr die Spuren des Dichters des Nibelungenliedes im dunkeln liegen, umso besser ist der Aufenthalt jenes Passau-Besuchers bezeugt, der als fahrender Sänger und Zeitgenosse des unbekannten Dichters im Jahre 1203 in der Stadt weilte, nämlich Walter von der Vogelweide. Die Reiserechnungen des Bischofs Wolfger zeigen, daß der Besuch sich für den Künstler lohnte, denn Bischof Wolfger vermachte dem Minnesänger einen Pelzmantel. Unter den bedeutenden Literaten, die in den letzten Jahrhunderten auf besondere Weise mit der Dreiflüsse-Stadt verbunden waren, ist an erster Stelle der in Böhmen geborene Adalbert Stifter zu nennen. Im Oberhausmuseum erinnert das Adalbert Stifter-Zimmer an ihn. In diesem Jahrhundert war es vor allem Hans Carossa, der Passau literarisch verewigte.

Die Liste der Passau-Literaten ist damit allerdings keineswegs erschöpft, sie führt vom Nibelungenlied über den Humanisten Jakob Ziegler, dessen Grab sich im Dom befindet, über Alfred Kubin bis zu den zeitgenössischen Schriftstellern Carl Amery und Reiner Kunze.

Der Besucher kommt in eine Stadt, die Geschichte und Gegenwart mit unnachahmlichem Charme verbindet: Steingewordene Schönheit aus Jahrhunderten.

Literarische Bezugspunkte: Oberhausmuseum mit Adalbert Stifter-Zimmer, Nibelungenfresko im Rathaussaal, Dom mit Kreuzgang, Europa-Bücherei. Viel beachtetes Zeugnis lebendiger Gegenwartsliteratur ist der »Passauer Pegasus« — Zeitschrift für Literatur (ISSN 0724 — 0708).

Weitere Sehenswürdigkeiten: Dom St. Stephan, mit der größten Kirchenorgel der Welt; St.-Pauls-Kirche; Alte und Neue Bischöfliche Residenz; Rathaus, 1393; Dreiflußeck (Donau, Inn und Ilz); Wallfahrtskirche Maria Hilf; Stadttheater; Fürstbischöfl. Opernhaus.

> ℹ️ Fremdenverkehrsverein, Rathausplatz 3, 94032 Passau
> Tel. 08 51/3 34 21, Fax 3 51 07

Einladung
ins Paradies

Der Dichter Jean Paul scheint es vor 200 Jahren gewußt zu haben. In der Fränkischen Schweiz, meint er, führe der Weg von einem Paradies ins andere. Ähnlich verläuft die Begegnung mit Pflaums Posthotel Pegnitz (PPP) in der Fränkischen Schweiz, das sich vom gemütlichen Kultur-Gasthaus in ein modernes Mär-

Pflaums Posthotel Pegnitz

chen verwandelt. Die Grenzen zwischen Tradition und Avantgarde sind fließend, die Gegensätze harmonieren auf wundersame Art und Weise. Hinter bescheidener Fachwerkfassade verbirgt sich eine außergewöhnliche Herberge mit allen (angenehmen) Schikanen. Andreas Pflaum, Wirt und »künstlerischer Leiter« dieses gastronomischen Festspielhauses, führt den 1707 gegründeten Familienbetrieb gemeinsam mit seinem für die Küche verantwortlichen Bruder Hermann bereits in der elften Generation. Bertolt Brecht übernachtete hier, und das PPP-Design ist der »blauen Blume« des Romantikers Novalis gewidmet. Die Familie Pflaum hat im Windschatten von Walhall ein historisches und futuristisches Gesamtkunstwerk geschaffen, das die Gäste unwillkürlich verzaubert. Sie atmen die Nostalgie des 18. Jahrhunderts, wohnen in einfachen bäuerlichen Zimmern oder bombastischen Designer-Suiten. Die ehemalige Poststation derer von Thurn und Taxis entwickelte sich in den vergangenen Jahren im Stil einer kreativen Werkstatt, bisweilen angeregt von berühmten Gästen wie Leonhard Bernstein, der einst eine »Pflaum-Prelude« komponierte. Die Laura Ashley-, Missoni- und Rosenthal-Suiten entsprechen dem jeweiligen Zeitgeist. »Venus in Blau« und »Klingsor-Zaubergarten« gewannen internationale Auszeichnungen, das neue »Parsifal«-Gemach mit quadrophonischem Sternenhimmel, »Tristans Traumeslust« und die »Bacchanal-Suite« mit historischen Bayreuther Bühnenbildern setzen allem die Krone auf. In der Keimzelle des 300 Jahre alten Gasthofs, der ländlichen »Posthalter-Stube«, treffen sich Einheimische zum Stammtisch. Nebenan, in dem mit viel Phantasie und Geschmack gestalteten »Pflaumengarten«, dominiert die »Neue Küche«. Ostern und Pfingsten, Weihnachten und Sylvester wartet PPP mit interessanten Arrangements einschließlich Rahmenprogramm auf, z. B. Goethes einzige Oper, Hans Sachs, oder Mozarts »Zauberflöte« mit Marionetten und dem Windsbacher Knabenchor. Golfspieler wählen unter 6 Plätzen, Skilangläufer finden reizvolle Loipen, für Tennis- und Squashspieler stehen eine Halle und Freiplätze bereit. Das Bayreuther Festspielhaus schließlich ist mit einem »Shuttle-Service« in 20 Minuten zu erreichen.

Weitere Sehenswürdigkeiten: Schloßberg, Pegnitzquelle, Altes Rathaus, Basilika Gößweinstein, Teufelshöhle Pottenstein, Grünewald-Altar Lindenhardt u. v. m.

 Pflaums Posthotel Pegnitz, Relais & Chateaux-Hotel, 91257 Pegnitz, Tel. 09241 / 72 50, Fax 8 04 04

Prenzlau

MAX LINDOW
»UNS LEEW OLL UCKERMARK«

Dominikanerkloster-Kreuzgang

In den letzten 150 Jahren hat sich in der Uckermark — der Fläche nach größer als das Saarland — zunächst unter dem Einfluß von Fritz Reuter und Klaus Groth eine spezifische Mundartliteratur ausgebildet, deren populärstem Vertreter Max Lindow (1875 bis 1950) in seiner Heimatstadt Prenzlau ein freundliches Andenken bewahrt wird. In den ehrwürdigen Mauern des Dominikanerklosters — eine der wenigen nahezu vollständigen Anlagen in Norddeutschland mit schönem Kreuzgang und stimmungsvollem Friedgarten — hat das Kulturhistorische Museum eine ständige Ausstellung geschaffen, die über Leben und Schaffen Lindows berichtet.

Dieser Autor von Lesestoffen für die Volksschulen und von Jugendbüchern in hochdeutscher Sprache hat vor allem durch seine Beiträge in »uckermärkischem Platt« die Herzen seiner Landsleute gewonnen. In den Büchlein mit »plattdütsch Gedicht'n un Geschicht'n« »Bi uns to Hus« (1921) und »Afsied van d' Stroot« (1925) schildert er uckermärkische Landschaft im Raum um Fahrenwalde, seinen Geburtsort, erscheint z. B. die Wassermühle in der Caselower Heide als Ort der Ballade »Watermöllers Greten«, preist er den blanken Uckersee, den Namensgeber der nördlichen Mark. Er zeichnet mit verschmitztem, niemals verletzendem Humor kernige Charaktergestalten und ihre kleinen Unglücksfälle im alltäglichen Leben, begleitet seine Mitbürger durch Arbeitstage und Feste des Jahres, sorgt durch wöchentliche Beiträge im »Uckermärkischen Kurier« für Schmunzelstunden in vielen Familien. Er wird zum Anreger und Förderer z. B. von Erna Taege-Röhnisch (Templin, Fritz-Reuter-Preis), die bis in die Gegenwart niederdeutsche Lyrik und Prosa veröffentlicht (»En Vogel hett sungen«, 1992) und ihrerseits Nachfolge gefunden hat.

Der Besucher Prenzlaus sollte zudem wissen, daß in den Mauern der Stadt Georg Rollenhagen die Lateinschule besuchte (Tierepos Froschmäuseler, 1566 — Verurteilung des Krieges), Adolf Stahr geboren wurde und die Abiturprüfung bestand (»Bilder aus dem Altertum«, 1866; »Goethes Frauengestalten«, 1882); der Buchhändler und Förderer Friedrich Schillers Chr. Fr. Schwan hier geboren wurde; der Schauspieler Armin Müller-Stahl hier zur Schule ging.

Literarische Bezugspunkte: Fahrenwalde, Gedenktafel am Geburtshaus; Heidmühle — Ort der Ballade »Watermöllers Greten«

Weitere Sehenswürdigkeiten: Ständige Ausstellung J. Ph. Hackert, bedeutender klassizistischer Landschaftsmaler und Freund Goethes im Kulturhist. Museum; St. Marienkirche, Ostgiebel Meisterwerk norddeutscher Backsteingotik; vier weitere Kirchen; Fachwerkbauten: Draußenmühle, Mühlmann-Stift; Wehranlage mit Stadtmauer und Türmen.

 Uckermark-Information Service-Einrichtung, Langer Markt 12, 17291 Prenzlau, Tel. 03984/2791

Landkreis Prignitz

MELLEN

Das Dorf gefällt mir auf den ersten Blick. Es hat das Gesicht einer alten Frau, voller Runzeln und Gutmütigkeit. Die bemoosten Schuppendächer und Koppeln aus Stangenholz trägt es wie eine verwaschene Blaudruckschürze. Manchmal ist ein Dach mit Wellasbestplatten ausgebessert worden. Dann sieht es aus, als ob ein Dederonflicken

Hünengrab am Dorfeingang

auf die Blaudruckschürze genäht worden sei. Was hilft's, man nimmt, was man bekommt. Ich suche das Ursprüngliche. Gleich am Dorfeingang befindet sich ein Hünengrab aus der jüngeren Steinzeit. Wie ein Bild aus dem Familienalbum der Menschheit wird es hier aufbewahrt. Vorgärten hat das Dorf, in denen die Blumen wie Kinder beieinander hocken. Manch einem Zaun ist anzusehen, daß er seine Schützlinge bis auf die Wiese hinausläßt, wenn sie übermütig ins Blühen geraten. Verblüfft bemerke ich ein Ortsausgangsschild und meinte doch, mitten im Dorf zu sein. Schon ein paar Schritte weiter beginnt das Nachbardorf. Wer weiß, vielleicht werfen sich die einträchtig miteinander lebenden Schwestern gelegentlich doch zänkische Blicke zu? Andererseits besteht zwischen dem Dorf und dem Lande Ägypten eine regelmäßige Flugverbindung. Jahr für Jahr zieht es ein Storchenpaar zu keinem anderen Ort auf der Welt als ausgerechnet zu diesem Dorf mit seinen verlandeten Seen und den weiten Sumpfwiesen, auf denen wilde Orchideen blühen. Frühling für Frühling warten die Menschen auf die Störche.

Als ich 1988 mein Dorf beschrieb, wußte ich noch nicht, welch einen sagenumwobenen, geheimnisvollen Ort meine Familie als Wahlheimat gefunden hatte. Ich wußte nicht, daß schon einmal eine Frau, die als Tochter eines Verwalters in einem Gutshaus weit östlich von hier geboren wurde, in die Prignitz kam und die Sprache der Tiere verstand. Tamara Ramsey, 1895 in der Nähe von Kiew geboren, beschrieb vor mehr als 50 Jahren in ihrem Buch »Wunderbare Fahrten und Abenteuer der kleinen Dott« die Prignitz. Ihrer Heldin, der kleinen Dott, gab sie in Mellen ein Zuhause. Dieses Buch gehört heute zu den Klassikern unter den Jugendbüchern. Überall in der Prignitz wird der Gast beschriebene Orte wiederfinden. Einige werden ihm vom Lauf der Zeit ausgeschlossen erscheinen mögen. Vielleicht wird er ein Ziehen in der Herzgegend verspüren, dann soll er schweigen und lauschen. Gehört er zu denen, die verstehen können, was ihm die Vögel, die Bäume und der Sand erzählen, dann kommt er immer wieder oder bleibt.

(Elfi Fitz)

Literarische Bezugspunkte: Siehe T. Ramsey »Wunderbare Fahrten ...«
Weitere Sehenswürdigkeiten: Plattenburg, Königsgrab Seddin, Stepenitztal
Historische Stadtkerne: Perleberg, Lenzen, Bad Wilsnack, Putlitz.

 Fremdenverkehrs- und Kulturverein Prignitz e.V., Im Birkengrund, 19336 Bad Wilsnack, Tel.: 03 87 91/73 66 11

Rathenow

NENNHAUSEN UND FOUQUÉ

Epitaph derer von Lochow

Am Rande eines ausgedehnten Waldgebietes, etwa 65 km westlich von Berlin, liegt Nennhausen. Bekannt geworden ist es durch den Dichter Friedrich de la Motte Fouqué, der hier die glücklichsten Jahre seines Lebens verbrachte. Als Enkel des Generals Heinrich August de la Motte Fouqué 1777 geboren, stand Friedrich der Große Pate, und nach ihm erhielt der Knabe den Vornamen Friedrich. Die Jugendjahre verlebte er zunächst in Brandenburg, dann auf den Landsitzen Saorow und Lentzke. Sein Lehrer und Erzieher August Hülsen stammt aus dem bekannten Pastorengeschlecht Hülsen aus Stechow. 1793 entschied sich der junge Mann für die Offizierslaufbahn. Er verfaßte Heldengedichte und Rittergeschichten. Die Roman-Schriftstellerin Caroline von Briest, verwitw. von Rochow vom Gut Nennhausen, interessierte sich für seine Arbeiten. Gemeinsame Interessen einten sie, und sie vermählten sich 1803. Schweren Herzens nahm Fouqué Abschied vom Militär. Unbeschwert von Gutsherrenpflichten und materiellen Sorgen widmete er sich nun ganz der Schriftstellerei. 1804 brachte Fouqué sein erstes Werk unter dem Titel »Dramatische Spiele« mit Erfolg heraus. Nun entstanden eine Vielzahl von Schriften, zumeist Ritter-Romane. Er gehörte bald zu den meistgelesenen Autoren Deutschlands. Die Idealisierung des Mittelalters stillte die Sehnsüchte breiter Bevölkerungskreise. Jetzt schrieb er auch das Märchen »Undine«, das auch den heutigen Leser noch in den Bann zieht. Lortzing verwendete den Stoff für seine Oper, Fouqué schrieb den Operntext.

Das Jahr 1813 rief den Dichter wieder zu den Waffen. Er führte die havelländischen Freiwilligen an. Kurz vor der Schlacht bei Lützen am 2. Mai 1813 hatte Fouqué das Gelübde getan, sein schönes Schwert, falls er es mit Siegesehren zurückbringe, der Nennhauser Kirche zu schenken. 1815, nach seiner Heimkehr, hielt er sein Versprechen, und seitdem hängt die Klinge in der Nennhauser Kirche. Der Tod seiner Frau, 1831, traf ihn hart. Er verließ Nennhausen und starb 1843 in Berlin.

Im ausgedehnten Schloßpark, der 500 Morgen groß ist, wandeln wir auf den Spuren des Dichters. Hier ruht auch seine Frau. Die Kirche bietet noch eine besondere Sehenswürdigkeit, nämlich das Epitaph derer von Lochow.

Literarische Bezugspunkte: Duncker-Haus, Begründer der Optischen Industrie, Reliefs am Kurfürstendenkmal, Birnbaum zu Ribbeck.

Weitere Sehenswürdigkeiten: St. Marien-Andreas-Kirche mit böhmischem Flügelaltar, Barockes Kurfürstendenkmal, Schleusenplatz, Reste der mittelalterlichen Stadtmauer, Magazin-Insel mit den Archen.

 Fremdenverkehrsverein Westhavelland e. V., 14712 Rathenow, Geschäftsstelle Schleusenplatz 4, Tel. 03385/23 20

Inselstadt Ratzeburg

ISOLA BELLA DES NORDENS

Dom Herrenhaus

»Ein Eiland war es, eine Isola Bella des Nordens, eine kleine Insel, der Länge nach in wenigen Minuten zu durchschreiten..., ein weltvergessenes Städtchen...«, so beschreibt der Dichter Jakob von Falke in seinen Lebenserinnerungen 1897 seine Geburtsstadt Ratzeburg. »Es liegt wie ein in Email gefaßtes Juwel inmitten des Sees und seiner lieblichen Umgebung. Ein Haufen kleiner, aus grellroten Ziegeln erbauter Häuser mit roten Ziegeldächern, an den überliegenden Ufern saftig-grüne Wiesen und mit schönen Buchen bestandene Höhen. Waldwege an den stillen Bächen entlangziehend, Philosophengänge unter dichtem Laubgewölbe, liebliche Ausblicke auf den blanken See, das Häuflein Häuser und den alten Dom bietend...« Diese romantische Beschreibung gilt noch heute. Die Inselstadt Ratzeburg, an der Grenze Schleswig-Holsteins zu Mecklenburg im Naturpark Lauenburgische Seen an der Alten Salzstraße gelegen, ist Ziel vieler Gäste, die Natur und Landschaft ruhig, aber intensiv erleben wollen. Schon 1797 erzählt Carl Gottlob Küttner in seinen Reisebeschreibungen von einem Führer, der den gewaltigen Dom erklärte, das Ziel vieler Gäste. Heinrich der Löwe hat diesen bedeutendsten Backsteinbau Norddeutschlands begründet. Seit 1973 befindet sich in seiner Nachbarschaft das A. Paul Weber-Museum. Der 1980 verstorbene satirische Grafiker richtete das Museum selbst mit ein, es zeigt einen Querschnitt durch sein Lebenswerk, das vor allem durch seine Visionen zu vielen hochaktuellen Themen beeindruckt. Im Zentrum der Inselstadt befindet sich das Ernst-Barlach-Haus. Der Bildhauer nannte es in seinen Lebenserinnerungen »Das alte Vaterhaus«. Hier sind seine eindrucksvollsten Werke in fast privater Atmosphäre ausgestellt, Besucher finden Ruhe, um die starke Ausstrahlung der Skulpturen aufnehmen zu können. Werke von Ernst Barlach sind im gesamten Stadtgebiet zu finden. Beim Spaziergang durch die Stadt trifft man an jeder Ecke auf Zeugen aus der Vergangenheit: dänische Kanonenkugeln von der Beschießung 1693, Grenzsteine im Straßenpflaster zur Domhalbinsel, die zu Mecklenburg gehörte, das Herrenhaus von Fritz Reuters »Dörchleuchtings«, die »Absteige« der Bischöfe neben dem Dom, das Haus Mecklenburg, Gewölbekeller der Festung aus dem 17. Jhdt. und das Fundament eines Außenturms des ersten Schlosses, das bereits im Jahre 1062 urkundlich erwähnt wurde.

Literarische Bezugspunkte: A. Paul Weber-Museum, Domhof 5, Ernst-Barlach-Museum, Barlachplatz, Herrenhaus am Domhof, heute Kreismuseum, Domhof 12.

Weitere Sehenswürdigkeiten: Stadtkirche St. Petri, Kirche St. Georg auf dem Berge, Ansveruskreuz, Alte Wache am Markt, Heinrichstein.

 Ratzeburg-Information und Stadtmarketing, Postfach 1420, 23904 Ratzeburg, Tel. 04541/800080, Fax 04541/5327

Renthendorf

Brehm-Gedenkstätte

HEIMAT DES »TIERVATERS« ALFRED EDMUND BREHM

»Brehms Tierleben« — dieses Werk machte seinen Autor weltbekannt und sorgte für ein neues Verständnis seiner Leser für die vorhandene Umwelt, vor allem aber für die Tiere. Der große Erfolg des 6-bändigen »Illustrierten Thierlebens« (von 1863-1869 herausgegeben) führt später zu einer von Brehm selbst besorgten, erweiterten 2. Auflage, die 10 Bände umfaßte und nun auch den Titel »Brehms Thierleben« führte. Brehm, der 1884 mit 55 Jahren starb, hinterließ desweiteren eine Vielzahl von Schriften und Büchern, die von seiner brillanten Beobachtungsgabe und schriftstellerischen Meisterschaft zeugen, die aber leider heute kaum noch im Originalwortlaut zu finden sind.

Die Wiege Brehms stand im Pfarrhaus zu Unterrenthendorf. Hier, in einer wald- und tierreichen Gegend, wuchs er auf, erzogen von seinem Vater, dem »Vogelpastor« Christian Ludwig Brehm, der zu den Mitbegründern der wissenschaftlichen Ornithologie in Mitteleuropa zählt, und seiner gebildeten Mutter Bertha Brehm geb. Reiz, die ständig die Klassiker benutzte, um ihren Gatten und den Kindern daraus vorzulesen und ihnen so die »Lust zu fabulieren« nahebrachte.

Von hier aus zog Brehm auf Forschergang in die Welt, u.a. nach Nord-Afrika, Spanien, dem Nordkap und Sibirien. Hierher zog es ihn nach beiden beschwerlichen Reisen zur Erholung zurück, und während seiner Tätigkeit als Direktor des Hamburger Zoos sowie des Berliner Aquariums fand er hier die nötige Ruhe für seine schriftstellerische Arbeit. Hier starb er auch in seinem Wohnhaus und fand auf dem nahen Friedhof seine letzte Ruhestätte.

Renthendorf, im idyllischen Tal der oberen Roda gelegen und noch ähnlich wie zu den Zeiten der Brehms von Wäldern, Wiesen und Feldern umgeben, bietet z. B. in einem idyllisch gelegenen Wanderheim Schulklassen, Vereinen und Großfamilien Möglichkeiten zur Übernachtung und zum Erkunden der Natur. Die Brehm-Gedenkstätte ist täglich von 09.00 bis 12.00 Uhr und von 13.00 bis 17.00 Uhr geöffnet und eignet sich hervorragend zum Kennenlernen des Werkes von Alfred Edmund Brehm und seiner Renthendorfer Heimat.

Literarische Bezugspunkte: Brehm-Gedenkstätte mit ständiger Ausstellung, Gedenktafel, Grab von A.E. Brehm.

Weitere Sehenswürdigkeiten: Pfarrhaus (Wirkungsstätte von Christian Ludwig Brehm), die Kirchen von Renthendorf und Hellborn, Vogelwarte von C.L. Brehm auf dem Renthendorfer Baderberg.

ℹ BREHM-Gedenkstätte Renthendorf, 07646 Renthendorf
Tel. und Fax: Ottendorf 03 64 26/216

Rottenburg am Neckar

DROBEN STEHET DIE KAPELLE...

Ludwig Uhlands Gedicht hat den Namen des kleinen Ortes Wurmlingen, heute Stadtteil von Rottenburg am Neckar, in alle Welt getragen. Generationen von Schülern haben diesen schwäbischen Klassiker auswendig gelernt und in der Regel lebenslang behalten. Dazu hat neben der einprägsamen und ergreifenden Sprache des damals achtzehnjährigen Dichters sicher auch die meisterhafte Vertonung durch den Komponisten Konradin Kreutzer beigetragen. Wenige wissen, daß es neben der Melodie von Kreutzer noch 20 weitere Versuche gibt, den Text zu vertonen; Kreutzers Melodie jedoch hat die Zeiten überlebt.

Wurmlinger Kapelle

Seit Jahrhunderten steht die Wurmlinger Kapelle oberhalb des Ortes auf dem hohen Bergrücken zwischen Rottenburg und Tübingen. Ihre Anfänge gehen vermutlich in die erste Christianisierungsphase des 7. und 8. Jahrhunderts zurück. Im 13. Jahrhundert wurde die bisherige Grabkapelle zur Pfarrkirche ausgebaut. Die Grabkapelle ist als Krypta erhalten. 1658 konnte die im 30jährigen Krieg zerstörte Kapelle wieder geweiht und mit einem neuen Hochaltar versehen werden. Lange Zeit diente sie nun als Wallfahrtskapelle, bis sie 1780 ihre Pfarrechte an die Kirche im Dorf verlor und langsam verfiel.

Erst die Romantik entdeckte den idyllischen Kappelberg neu und machte ihn zu einem Anziehungspunkt für die in ganz Deutschland entstehende Wanderbewegung. So kam auch der junge Ludwig Uhland nach Wurmlingen und war tief beeindruckt von dem Bild, das sich ihm bot. Das Motiv des Hirtenknaben, der drunten im Tal dem Leichenchor der Kapelle lauscht, dürfte einer authentischen Begegnung des Dichters entstammen:

> Droben stehet die Kapelle,
> Schauet still ins Tal hinab.
> Drunten singt bei Wies und Quelle
> Froh und hell der Hirtenknab.

Rottenburg am Neckar bietet dem Reisenden als alte Römer- und Bischofsstadt mit seiner reichen Barockkultur und vielen historischen Bauwerken unvergeßliche Urlaubstage. Dafür garantieren ein ausgezeichnetes Freizeitangebot und leistungsfähige Betriebe.

Literarische Bezugspunkte: Wurmlinger Kapelle

Weitere Sehenswürdigkeiten: Wallfahrtskirche Weggental, Stiftskirche St. Moriz, Weiler Burg.

i VA Rottenburg am Neckar, Marktplatz 18, 72108 Rottenburg am Neckar
Tel. 0 74 72/ 165-274, Fax 165-369

Hist. Schloßbibliothek auf der Heidecksburg

RUDOLSTADT — SCHILLERS MEKKA

Die im 18. Jahrhundert als »Klein-Weimar« bekannte ehemalige fürstliche Residenz Rudolstadt ging mit einem bemerkenswerten Ereignis in die deutsche Literaturgeschichte ein: Hier trafen sich am Sonntag, dem 7. September 1788, Goethe und Schiller zum ersten Male. Schiller hatte den Sommer in Rudolstadt verbracht und erhoffte sich den Beginn einer fruchtbaren Geistesfreundschaft. In einer Glockengießerei in Rudolstadt fand er auch die Inspiration für sein »Lied von der Glocke«. 1790 ehelichte Schiller Charlotte von Lengefeld, die Freundin aus der Zeit des Rudolstädter Sommers. Goethe blieb ebenfalls mit Rudolstadt verbunden. Seit 1791 Intendant des Weimarer Theaters, leitete er zwischen 1794 und 1803 auch die Rudolstädter Bühne, die so bald zu Ansehen kam.

Für Aufsehen ganz anderer Art sorgte der Gymnasiast Rudolf Ditzen. Im Oktober 1911 inszenierte der Achtzehnjährige zusammen mit seinem Freund Hans-Dietrich von Necker ein Duell, infolgedessen von Necker am Uhufelsen sein Leben verlor. Ditzen selbst verletzte sich schwer. Als Psychopath abgestempelt, brachte es ihm faktisch das bürgerliche Aus. 1920 — neun Jahre nach der Tragödie — erscheint sein erster Roman, »Der junge Goedeschal«, unter dem Pseudonym Hans Fallada. 1932 bringt ihm der Roman »Kleiner Mann, was nun?« Weltruhm. Weit über die Grenzen Rudolstadts hinaus bekannt wurde auch Ämilie Juliane von Schwarzburg-Rudolstadt (1637-1703). Sie schrieb eine Art geistliches Tagebuch, in dem sie der Nachwelt 587 Lieder hinterließ, von denen viele Eingang in das evangelische Kirchengesangbuch fanden. Spuren seines bedeutsamen Lebens hinterließ auch der Philosoph Johann Gottlieb Fichte, der 1794 in die Rudolstädter Freimaurerloge aufgenommen wurde. 1796 weilte Jean Paul in Rudolstadt und Schwarzburg; Wilhelm von Humboldt war mehrfach hier. Arthur Schopenhauer schrieb 1813 seine Dissertation im Residenzstädtchen. 1817 gründete Friedrich Fröbel in dem Dorf Keilhau seine Erziehungsanstalt; sein »Kindergarten« entstand in Bad Blankenburg. Damit waren die praktischen Voraussetzungen eines völlig neuen, kindgemäßen Erziehungskonzeptes geschaffen. In der Stadt und ihrer Umgebung verbindet sich für den Besucher eine interessante Historie auf's schönste mit den Reizen einer lieblichen Landschaft.

Literarische Bezugspunkte: Schillershöhe mit Schillerbüste, Lengefeldsches Haus, Thüringer Landestheater, Haus Schloßaufgang VI/1 mit Fallada-Gedenktafel, Haus Jenaische Str. 1 mit Glocke und Gedenktafel, Fröbelsche Erziehungsschule Keilhau, Schloß Heidecksburg mit Thüringer Landesmuseum und Hist. Schloßbibliothek. Fröbelmuseum in Bad Blankenburg, Stadtkirche mit Sarkophag der Gräfin Ä. J. v. Schw.-Rud.

Weitere Sehenswürdigkeiten: Thüringer Bauernhäuser, Burgruine Greifenstein.

ℹ️ Tourist-Information Rudolstadt, Marktstr. 57, 07407 Rudolstadt
Tel. 03672/2 45 43

HEIMAT VIELER LITERATEN

Arndt-Geburtshaus in Groß Schoritz

»Sei mir mütterlich Land, sei freundlich gegrüßet, o Rügen! Liebliche Insel, wohin ewig die Liebe sich sehnt.« Mit diesen Worten gedachte Ernst Moritz Arndt seiner Heimatinsel. In Groß Schoritz wurde er 1769 geboren, 1994 feiert man auf Rügen seinen 225. Geburtstag. Seine ersten großen Werke, »Versuch einer Geschichte der Leibeigenschaft in Schwedisch-Pommern und Rügen« und »Geist der Zeit« zeigen den späteren Sänger der Befreiungskriege als glühenden Streiter für Freiheit und Gerechtigkeit, leider aber auch als schlimmen »teutschen« Franzosenfresser. In zahlreichen Gedichten, den »Erinnerungen aus dem äußeren Leben«, seinen Märchen und anderen Werken zeigt sich seine lebenslange Verbundenheit zu Rügen.

Gerhart Hauptmann kehrte nach seinem ersten Aufenthalt auf der Rügen benachbarten Insel Hiddensee wiederholt dorthin zurück und erwarb 1929 Haus »Seedorn« in Kloster. Auf Hiddensee entstanden Teile der »Versunkenen Glocke«; in »Gabriel Schillings Flucht«, in Gedichten sowie im Alterswerk »Der neue Christopherus« wird auf die Insel Bezug genommen. Seinem Wunsche entsprechend wurde er bei Sonnenaufgang auf dem Inselfriedhof in Kloster begraben. Ein großer Findling bezeichnet sein Grab.

Fritz Worm (1863-1931) war Volksschullehrer in Alt Reddevitz. Die zahlreichen Gedichte des Heimatforschers preisen die Naturschönheiten der Insel, unter anderem die einmalig schöne Kreideküste. In Göhren lebte seit 1920 der Dichter Max Dreyer (1862-1946) in seinem »Drachenhaus«. Von ihm stammen Bühnenwerke, Erzählungen und Gedichte. Wer sich über Rügens Geschichte informieren will, kommt an den Werken von Johann Jakob Grümbke (1771-1849) und Alfred Haas (1860-1950) nicht vorbei. Grümbkes »Neue und genaue geographisch-statistisch-historische Darstellungen von der Insel und dem Fürstenthume Rügen« sind die erste wissenschaftliche Landschaftsmonographie über die Insel. Seine »Streifzüge durch das Rügenland« hat er unter dem Pseudonym Indigena (»der Einheimische«) veröffentlicht. Von Alfred Haas, gleich Grümbke gebürtiger Rüganer, stammen etwa 100 Veröffentlichungen zur Geschichte und Volkskunde Rügens.

Literarische Bezugspunkte: Arndt-Geburtshaus in Groß Schoritz, Arndt-Museum Garz, Arndtturm Bergen, Gerhart-Hauptmann-Gedenkstätte Kloster und Grab.

Weitere Sehenswürdigkeiten: Kreideküste der Halbinsel Jasmund mit Stubbenkammer (Königsstuhl, Herthasee), slawische Burgwälle (Arkona, Garz, Herthaburg, Rugard), Marienkirche Bergen, zahlreiche Dorfkirchen, Leuchttürme, Hügelgräberfeld bei Lancken-Granitz, Herzogsgrab, Dobberworth bei Sagard, Naturbühne Ralswiek (Störtebeker-Festspiele), Feuersteinfelder bei Mukran.

 Fremdenverkehrsverein e. V., Luftbadstr. 17, 18586 Sellin, Tel. 038303/305

Sababurg *im Reinhardswald*

Dornröschenschloß Sababurg

GRIMM'SCHES DORNRÖSCHENSCHLOSS

Als die Brüder Grimm, Jacob (1785-1863) und Wilhelm (1786-1859), ihre »Kinder- und Hausmärchen« veröffentlichten, brach für die Sababurg die Zeit ihres Dornröschenschlafs an. Und je bekannter und beliebter das Märchen vom Dornröschen wurde, desto eindeutiger entschied sich für das Volk: Die »schlafende« Burgruine im eichengrünen märchenhaften Reinhardswald mit ihrer herrschaftlichen Vergangenheit, den glanzvollen Festen und den prächtigen Jagdgesellschaften der hessischen Landgrafen — das war ohne Zweifel das »Dornröschenschloß« aus dem Märchen. Sprach doch auch hierfür, daß der 1571 angelegte 500 Morgen große »Thiergarten«, der heutige Tierpark Sababurg, ursprünglich von einer dichten Dornenhecke umfriedet war, die erst 1589-91 der heute immer noch den Park umschließenden Mauer wich und die im Märchen ja eine zentrale Rolle spielt.

Heute ist das Dornröschenschloß Sababurg ein kultureller Faktor von hohen Graden in Nordhessen. Davon zeugen Theateraufführungen und Konzerte in großer Zahl über das Jahr hin, deren Verschränkung im »Sommer in Sababurg« die größte Dichte erreicht. Während der Sommermonate werden die Aufführungen, solange das Wetter mitspielt, in der Ruine des Palas der Burg dargeboten. Seit 1993 besitzt das Dornröschenschloß Sababurg mit dem »SabaBurgTheater« im Gewölbekeller unter dem Palas eine eigene Bühne.

Für 1994 steht zur 660-Jahr-Feier der Sababurg die Premiere eines Theaterstückes an, das die wechselvolle Geschichte der Burg Revue passieren läßt, von den Anfängen bis heute, und natürlich das Märchen und die anderen Sagen und Legenden mit einbezieht.

Burghotel ist das Dornröschenschloß Sababurg seit 1959, dazu Hochzeitsschloß im Grünen mit Standesamt, Kulturschloß für Theater, Konzerte und Ausstellungen, Waldschloß mit Tierpark und Naturschutzgebiet und nicht zuletzt Genießerschloß mit feiner Küche und Keller. Daß die Rose hier ganz besonders gepflegt und verehrt wird, versteht sich von selbst.

Literarische Bezugspunkte: Dornröschenschloß Sababurg (ab 1334 erbaut); Tierparkmauer (ehemals Dornenhecke); SabaBurgTheater im Gewölbekeller.

Weitere Sehenswürdigkeiten: Burggarten mit alten Rosen, Stauden, Würz- und Heilkräutern; Tierpark Sababurg, eine der ältesten Anlagen Europas, mit Forst- und Jagdmuseum; Naturschutzgebiet Urwald Sababurg mit bis zu 1000-jährigen Eichen und Buchen.

 Dornröschenschloß Sababurg, Familie Koseck
34369 Hofgeismar (Sababurg), Tel. 05671/808-0,
Fax 05671/808-200, Veranstaltungshinweise 05671/808-280

SCHULE — GESCHICHTE UND TRADITION

Einen »lieben Ort« nannte einst der vielgerühmte Kunsthistoriker und Altertumsforscher Johann Joachim Winckelmann jenes Salzwedel, dessen Altstädtische Schule er von 1736-1738 besucht hatte. Die wieder aufblühende, reizvolle Hansestadt mit ihrer vor allem mittelalterlich geprägten Fachwerkarchitektur ist auch mit den Namen anderer bedeutender Männer verbunden, de-

Johann-Friedrich-Danneil-Museum

ren Wirken weit über die »antiqua urbs« hinausweist. Sowohl der »Turnvater« Friedrich Ludwig Jahn als auch der Urgeschichtsforscher Johann Friedrich Danneil haben tiefere Spuren hinterlassen.

Jahn, der Begründer der patriotischen Turn- und Sportbewegung, besuchte seit dem Jahre 1791 für knapp vier Jahre das Salzwedeler Gymnasium und wohnte in der Lorenzstraße in einem kleinen Haus, das noch heute nahe der hoch aufragenden Marienkirche zu sehen ist (Gedenktafel Jenny-Marx-Str. 16). Der offenbar unbequeme Schüler wurde schließlich wegen seiner »Widersetzlichkeiten« und scharfsinnigen Fragen der Schule verwiesen. Erst 1844 kam es zu einem Wiedersehen mit Salzwedel, als ihn Professor Johann F. Danneil, hochangesehener Rektor des Gymnasiums, als Ehrengast zur Hundertjahrfeier der Schule geladen hatte. Unweit des Karlsturmes tummelte sich der noch rüstige Turnvater mit den begeisterten Schülern und bemerkte zu Danneil: »Wenig Menschen wird es so gut, die Sehnsucht und Ahnungen der Menschen verwirklicht zu sehen. Mir ist im Greisenalter das Glück zuteil geworden.«

In räumlicher Nachbarschaft zum Jahn-Haus steht der repräsentative Bau (Barockstil) des ehemaligen Landrats Ludwig von Westphalen, dessen Tochter Jenny, Lebensgefährtin von Karl Marx, hier im Jahre 1814 geboren wurde.

Unter den Verdiensten Johann F. Danneils ragen besonders die sprachwissenschaftlichen Leistungen und die durch seine unermüdliche Arbeit hervorgebrachten Ergebnisse zur Ur- und Frühgeschichtsforschung heraus. Sie gipfelten in der Mitbegründung des Dreiperiodensystems (Stein-, Bronze- und Eisenzeit).

Literarische Bezugspunkte: Jahn-Haus, Jenny-Marx-Haus (Kunstausstellungen und Schulmuseum), Johann-Friedrich-Danneil-Museum.

Weitere Sehenswürdigkeiten: sehenswerte Altstadt, Fachwerkarchitektur, Burganlage, Stadtmauer, Stadttore, Marienkirche (Schnitzaltar, Taufbecken, Lesepulte), Katharinenkirche (Einhornaltar), Danneil-Museum (Salzwedeler Madonna, spätgotischer Flügelaltar von L. Cranach d. J.), Münze (Ausstellungen), Konzerthalle »Mönchskirche« (Ausstellungen), Lorenzkirche.

 Salzwedel-Information, Neuperverstraße 32
29410 Salzwedel, Tel. 03901/2 24 38

Schlüchtern

Kloster Schlüchtern

ULRICH VON HUTTEN: DER GEKRÖNTE DICHTER

Auf der Burg Steckelberg bei Schlüchtern erblickte der später als erfolgreichster Publizist seiner Zeit gefeierte Humanist Ulrich von Hutten 1488 das Licht der Welt. Er war Sproß eines alten fränkischen Rittergeschlechtes, das im Kinzig- und Maingebiet ansässig war. Erasmus von Rotterdam, der führende Denker des Humanismus, äußerte sich begeistert über Huttens Bildung und Sprachgewalt. Viele große Dichter und Denker der letzten Jahrhunderte, unter ihnen Klopstock, Herder und Goethe, bekennen sich in ihren Werken zu Hutten.

Sein Einfluß auf das Nationalbewußtsein Deutschlands ist angesichts seines Kampfes gegen römische Bevormundung und klerikale Macht sehr hoch einzuschätzen. So gilt Hutten nicht nur als einer der wichtigsten Dichter seiner Zeit, sondern vor allem als Kämpfer für die Freiheit des Menschen auf der Grundlage eines weit entwickelten Humanismus.

Höhepunkt seines wechselvollen Lebens, das auf der Burg Steckelberg begann und ihn über Fulda, Mainz und viele weitere Stationen schließlich zu dem Reformator Zwingli in die Schweiz führte, war die symbolische Krönung zum Dichter in der Reichsstadt Augsburg durch Kaiser Maximilian (1517). Nur wenige Jahre blieben dem streitbaren Geist noch, um an der Seite Franz von Sickingens gegen die Kurie und Unterdrückung zu kämpfen. 1523 starb Ulrich von Hutten auf der Insel Ufenau im Züricher See.

Neben Ulrich von Hutten weist die Kulturgeschichte Schlüchterns mit dem Abt P. Lotichius und dem häufig bei ihm weilenden Philipp Melanchthon weitere bekannte Namen auf. Unter dem Einfluß Melanchthons führte der Abt 1543 in Schlüchtern die Reformation ein. Er begründete im selben Jahr eine Gelehrtenschule im Kloster. (Lotichius' Grabstein befindet sich auf dem Klostergelände.)

Auch die Brüder Grimm verkehrten als Kinder in Schlüchtern. Kein Geringerer als Goethe zeichnete auf den Treppenstufen des Hotels »Zum Löwen« die Straße »Unter den Linden« mit dem zerstörten Rathaus.

Heute bietet der Luftkurort mit seiner leistungsfähigen Gastronomie dem Gast allen erdenklichen Komfort für einen angenehmen Kurz- oder Ferienaufenthalt.

Literarische Bezugspunkte: Ruine Steckelberg, Huttenkapelle im ehemaligen Benediktinerkloster, Ausstellung »Ulrich von Hutten« und »Petrus Lotichius Secundus« im Bergwinkelmuseum, Hotel »Zum Löwen«.

Weitere Sehenswürdigkeiten: Bergwinkelmuseum mit Modelleisenbahn, Burg Brandenstein mit Holzgerätemuseum, Schloß Ramholz mit Park.

i Verkehrsbüro im Rathaus, Unter den Linden 1, 36381 Schlüchtern
Tel. 06661/8517, Fax 8547

STEFAN ANDRES (1906-1970), EUROPÄISCHER DICHTER VON DER MOSEL

In den 50er und 60er Jahren gehörte Stefan Andres zu den meistgelesenen deutschsprachigen Autoren. Sein erzählerisches Werk, in viele Sprachen übersetzt, verbindet auf faszinierende Weise das antike Erbe des Trierer Landes mit dessen

Blick über die Mosel
zum alten Schweicher Fährturm

lebendiger Gegenwart. Dabei war Stefan Andres keineswegs ein Heimatdichter, obwohl er Menschen, Fluß- und Kulturlandschaft von Mosel, Eifel und Hunsrück reichlich zu beschreiben und gültig zu deuten verstand. Stefan Andres wurde als Sohn eines Bachmüllers auf Breitwies im Tal der Dhron über Leiwen/Mosel geboren. In seinem 4. Lebensjahr zogen die Eltern nach Schweich. Nach ihrem Willen sollte der Träumer katholischer Geistlicher werden, doch die dahingehenden Versuche scheiterten. Nach dem Externabitur studierte er in Köln, Jena und Berlin deutsche Literatur, Kunstgeschichte und Philosophie. Durch einen Zufall gerät er ans Schreiben, der erste Roman entsteht. Bald danach erlaubt ihm ein Reisestipendium ein erstes Kennenlernen Italiens.

1935 wird Andres vom Rundfunksender Köln entlassen, weil er sich weigert, den »Arier«-Nachweis für sich und seine Frau zu erbringen. Einige Jahre später findet das Paar in Positano am Golf von Salerno Zuflucht, von wo es erst 1949, nach zum Teil bitteren Jahren der Armut, nach Unkel heimkehren kann. 1960 geht Andres nach Italien zurück, wo er in Rom im Schatten des Petersdomes Wohnung nimmt. Sein letzter Roman »Die Versuchung des Synesios« zeigt noch einmal die Pole auf, zwischen die das Gesamtwerk gespannt ist: menschliche Schuld und göttliches Verzeihen. Der Dichter ruht auf dem Deutschen Friedhof bei St. Peter im Vatikan.

Auf Initiative der Katholischen Akademie Trier wird 1978 in Schweich ein Gedenkbrunnen errichtet, thematisch angelehnt an seinen Kindheitsroman »Der Knabe im Brunnen«. Hier beginnt auch der Stefan-Andres-Wanderweg, der auf den Spuren des Dichters durch die Mosellandschaft führt. 1979 wurde die Stefan-Andres-Gesellschaft gegründet, die über 550 Mitglieder in 14 Staaten Europas und in Übersee zählt und sich zur Aufgabe gemacht hat, das Interesse an seinem Werk in Schulen und Hochschulen wachzuhalten und bei immer neuen Lesern zu wecken.

Literarische Bezugspunkte: Stefan-Andres-Gedenkbrunnen; Ständige Ausstellung im Kulturzentrum »Niederprümer Hof« (Sitz der Stefan-Andres-Gesellschaft); Erinnerungstafeln am Elternhaus in der Bahnhofstraße und am Niederprümer Hof, Stefan-Andres-Wanderweg von 21,5 km bis zur Zummet-Höhe (vgl. Abbildung).

Weitere Sehenswürdigkeiten: Geburtshaus des Dichters in Breitwies auf Zummet über Leiwen/Mosel (nur bei tel. Anfrage unter 06502/6524).

ℹ Tourist-Information »Römische Weinstraße«, Brückenstraße 26, 54338 Schweich, Tel. 06502/407117

Schweinfurt

»Rückert-Zimmer« im Museum
»Altes Gymnasium«

GEBURTSSTADT DES DICHTERS UND ORIENTALISTEN FRIEDRICH RÜCKERT

»Vom Jean Paulschen Bayreuth / bis hinan zum Goetheschen Frankfurt / Ist er in Mitte des Laufs, wo mich geboren der Main. / Mainfurt sollte deswegen genannt werden meine Geburtsstadt; / Weinfurt ist sie genannt, ohne den Zischer davor.« Mit diesen Worten umschreibt der Dichter und Orientalist Friedrich Rückert ein wenig schamhaft den Namen seiner Geburtsstadt Schweinfurt. Dort erblickte er am 16. Mai 1788 in einem Haus am Marktplatz das Licht der Welt und verbrachte hier auch einen Teil seiner Kinder- und Schuljahre.

Der spätere Lebensweg sah ihn als Professor für orientalische Sprachen in Erlangen (ab 1826) und Berlin (ab 1841). Seine besondere Leistung auf diesem Gebiet besteht darin, die persisch-arabische Poesie dem deutschen Bildungsbewußtsein in der Zeit des Biedermeier vermittelt zu haben. 1848 zog er sich endgültig auf sein Landgut in Neuses bei Coburg zurück.

Als Dichter machte Rückert erstmals 1814 durch seine »Geharnischten Sonette« auf sich aufmerksam. In der Mitte des 19. Jahrhunderts zählte er dann zu den am meisten gelesenen Lyrikern deutscher Zunge. Manches davon hat überdauert, wie z. B. die »Kindertotenlieder« oder der »Liebesfrühling«.

Schweinfurt hat schon zu Lebzeiten die Bedeutung ihres großen Sohnes u. a. mit der Verleihung des Ehrenbürgerrechtes 1865 gewürdigt. 1867 wurde eine Bronzetafel am Geburtshaus angebracht, und seit 1890 ziert den Marktplatz der »Rückert-Brunnen«. Von Schweinfurt aus kann man auf dem »Rückert-Wanderweg« den unterfränkischen Lebensstationen des Dichters nachspüren.

Bis in die Gegenwart wird Rückerts Erbe durch die Rückert-Gesellschaft besonders gepflegt. Im Stadtarchiv wird das nachgelassene literarische Werk wissenschaftlich bearbeitet. Im Museum im Alten Gymnasium versammelt das »Rückert-Zimmer« Erinnerungsstücke. Seit 1963 vergibt die Stadt Schweinfurt den »Friedrich-Rückert-Preis«.

Literarische Bezugspunkte: Geburtshaus, Marktplatz 2. Rückert-Denkmal. Rückert-Zimmer im Museum »Altes Gymnasium«. Rückert-Nachlaß im Stadtarchiv. Rückert-Wanderweg.

Weitere Sehenswürdigkeiten: Johanniskirche, Salvatorkirche, Rathaus, Städt. Sammlungen, Bibliothek Otto Schäfer.

[i] Schweinfurt-Information, Brückenstr. 14, 97421 Schweinfurt, Tel. 09721 / 5 14 98 oder Kulturamt, Obere Str. 11, 97421 Schweinfurt.

Siegburg

»HÄNSEL UND GRETEL« AN DER SIEG

»...Meine Gedanken schweiften ferne nach Siegburg, dem reizenden Geburtsstädtchen. Ich vergegenwärtigte mir die Stunden, die ich bei meinem Freunde verlebt hatte, und es dauerte nicht lange, so flossen die Melodien wie die Wellen der Sieg, die uns so oft an ihren Ufern wandeln gesehen hatte...« (Engelbert Humperdinck). Am 1.

Stadtmuseum im Geburtshaus
Engelbert Humperdincks

September 1854 kommt Engelbert Humperdinck mittags Punkt 12.00 Uhr unter dem Angelus-Läuten der nahen St. Servatiuskirche in Siegburg zur Welt. Sein Vater, Gustav Humperdinck, war Pädagoge am Siegburger Gymnasium und hatte eine Wohnung in der Schule.

Das Gebäude am Markt dient heute als Stadtmuseum; Leben und Werk Humperdincks sind in einem eigenen Raum dokumentiert. Mittelpunkt der Ausstellung ist die Inszenierung einer Bühnenszene aus Humperdincks bekanntestem Werk, der Märchenoper »Hänsel und Gretel«.

Die ungeschminkte Natürlichkeit seines Empfindens und Gestaltens kennzeichnet Humperdincks Werk. Er hat dem Märchen eine neue musikdramatische Gestalt gegeben; das an die Empfindungs- und Ausdruckssphäre des Wortes gebundene musikalische Erleben bestimmt auch seine Bühnenmusiken. Humperdincks Verdienst besteht nicht zuletzt darin, Wagners Dramaturgie wesentlich verfeinert zu haben. Er hatte dem Bayreuther beim »Parsifal« assistiert.

Humperdinck blieb seiner Siegburger Heimat immer verbunden und hat wohl von hier die Kraft seiner stets ausgleichenden Fröhlichkeit und seines Schaffensdranges bezogen.

Wenn er neben seinen persönlichen Erinnerungen an Richard Wagner der Nachwelt auch Siegburger Kindheitserinnerungen hinterlassen hat, so wird darin die bestimmende Kraft der Heimat und der Kindheit für seine ganze menschliche und künstlerische Entwicklung deutlich.

Die Stadt Siegburg gedenkt ihres großen Sohnes mit dem Engelbert-Humperdinck-Musikfest, bei dem Ende September nicht nur Kompositionen des großen Musikers zur Aufführung gebracht werden, sondern auch junge Nachwuchstalente die Möglichkeit erhalten, ihre Werke vorzustellen.

Literarische Bezugspunkte: Geburtshaus Engelbert Humperdincks (heute Stadtmuseum).

Weitere Sehenswürdigkeiten: Benediktinerabtei St. Michael, Schatzkammer St. Servatius (bedeutender romanischer Kirchenschatz), Torhausmuseum, Altstadt mit Fußgängerzone.

 VA im Stadtmuseum, Markt 46, 53721 Siegburg
Tel. 0 22 41 / 10 23 83, Fax 6 34 56

Sondershausen

Schloß Sondershausen

HEIMATSTADT
JOHANN KARL WEZELS

Südwestlich des Kyffhäusers, reizvoll eingebettet zwischen den Höhenzügen der Hain- und Windleite, liegt im Wippertal die Kreisstadt Sondershausen, einst eine der schwarzburgischen Residenzstädte. Das Schloß der Fürsten zu Schwarzburg-Sondershausen vereint Bausubstanz aus sieben Jahrhunderten. Es ist bau- und kunstgeschichtlich das bedeutendste Schloßensemble in Nordthüringen. Seine herrschaftlichen Bewohner prägten über Jahrhunderte das politische und kulturelle Leben im Territorium. So dankt beispielsweise das Sondershäuser Lohorchester seine Gründung als damaliges Hautboistenkorps der Musikliebe des Fürsten Günther Carl I. (Regierungszeit 1794-1835). Die seit 1806 sonntäglich stattfindenden Konzerte im Loh, nahe dem Schloß, und die Qualität des Musizierens der Hofkapelle trugen bald zum Ruhm der späteren Musikstadt Sondershausen bei. Im Schloßmuseum finden sich viele Zeugnisse dieser reichen kulturellen Tradition.

Der Roman »Hermann und Ulrike« des in Sondershausen geborenen und gestorbenen Dichters und Philosophen Johann Karl Wezel (1747-1819), Zeit- und Studiengenosse Goethes, enthält in seinen Handlungsorten und Personendarstellungen viele Bezüge zum Schloß. Ein Rundgang durch Sondershausens Innenstadt bietet weitere topografische Anknüpfungspunkte an die Biographie Wezels: So erinnert in der Johann-Karl-Wezel-Straße eine Stele an den Platz des Sterbehauses, das 1986 bei einem Flächenabriß der Altstadt den Neubauten weichen mußte. In der Trinitatiskirche, in der Klopstocks Freund Nicolaus Dietrich Giseke (1724-1765) fünf Jahre bis zu seinem Tod das Amt des Superintendenten und ersten Predigers ausfüllte, wirkte Wezel bei Kirchenkonzerten als Diskantkonzertist mit. Auf dem Gottesacker, dicht bei der Kirche, fand der Dichter seine letzte Ruhestätte. Hier liegt auch Friedrich von Sydow (1780-1845) begraben, der als Schriftsteller und Herausgeber über 10 Jahre in Sondershausen wirkte.

Der Lebensweg der als Marlitt bekannten Eugenie John (1825-1887) führte ebenfalls immer wieder nach Sondershausen. Hier lebte sie als Stipendiatin, Kammersängerin und spätere Vorleserin und Reisebegleiterin der Fürstin Mathilde von Schwarzburg-Sondershausen bis zur endgültigen Rückkehr nach Arnstadt.

Literarische Bezugspunkte: Schloß Sondershausen, Trinitatiskirche mit Fürstengruft, Stele (ehem. Standort des Sterbehauses von J. K. Wezel), Alter Gottesacker.

Weitere Sehenswürdigkeiten: Hist. Stadtzentrum, Freizeit- und Erholungspark Possen mit Jagdschloß, Aussichtsturm und Tiergehegen, Funkenburg Westgreußen, Burgruine Straußberg.

 Sondershausen-Information, Ferdinand-Schlufter-Str. 20, 99702 Sondershausen, Tel.: 0 36 32/81 11

Steinau an der Straße

DAS JUGENDPARADIES DER BRÜDER GRIMM — MÄRCHENHAFT AUF SCHRITT UND TRITT

1791 zog die Familie des Amtmanns Philipp Wilhelm Grimm nach Steinau in das damals bereits über 200 Jahre alte Amtshaus. Dieses prachtvolle Renaissancegebäude, bekannt als »Märchenhaus des deutschen Volkes«, beherbergt heute die Brüder-Grimm-Gedenkstätte.

Amtshaus Steinau

Gerne spielten Jacob und Wilhelm Grimm auf dem Platz vor dem Rathaus, hier wurde zu ihren Ehren 1985 der »Märchenbrunnen« errichtet. 1796 starb der Vater, kurze Zeit später zog die Familie ins Hutten'sche Hospital, bevor sie in die alte Kellerei umzog. 1798 verließen die Brüder Steinau, um das Gymnasium in Kassel zu besuchen.

Jacob und Wilhelm Grimm haben aus ihrer Liebe zum »Volkstümlichen und Heimatlichen« heraus eine große Anzahl bedeutender sprach- und volkskundlicher Werke veröffentlicht. Die über 100 Grimm'schen Kinder- und Hausmärchen, die mittlerweile in 140 Sprachen übersetzt wurden, sind nach der Bibel zur weitverbreitetsten Literatur in der Welt geworden. Ihre Volksmärchen gehören längst zum deutschen Kulturgut und haben verständlicherweise schon zu Lebzeiten der Grimms ein größeres Publikum gefunden als ihre zweifellos großen Werke über die Sprache, die Dichtung und das Recht. Die Grimms verlebten nach eigenen Worten in Steinau »eine schöne Kindheit, deren Eindrücke für sie zeitlebens unvergeßlich waren«, sie liebten ihr Heimatstädtchen Steinau in der wiesenreichen, mit schönen Bergen umkränzten Gegend« sehr. So schreibt Jacob Grimm: »In meiner Heimat haften, das fühle ich, meine lebhaftesten Triebe und Anregungen. Ich habe dort den frischesten und glücklichsten Teil meines Lebens zugebracht.« — Auch heute noch wäre Steinau den Brüdern Grimm so vertraut wie einst, fänden sie doch ihre Lieblingsplätze aus der Kindheit. Steinau hat sich sein Gesicht bewahrt, lauschige Eckchen laden den Besucher zum Verweilen ein. Vielleicht schwärmen auch Sie nach einem Besuch wie schon L. E. Grimm: »Viele liebliche Gegenden habe ich gesehen, aber keine gleicht derjenigen von Steinau.«

Literarische Bezugspunkte: Amtshaus, Brüder-Grimm-Museum, Hutten'sches Hospital, Haus am Kumpen 1-3 (ehemaliges Schulhaus der Brüder Grimm), Stadtborn (Lieblingsspielplatz der Brüder), Märchenbrunnen.

Weitere Sehenswürdigkeiten: Renaissanceschloß, Marionettentheater »Die Holzköppe«, Puppentheater-Museum, Tropfsteinhöhle, Heimat- und Deutsches Ordensmuseum, Rathaus, Katharinen- und Reinhardskirche, Erlebnispark Steinau.

Städt. Fremdenverkehrsamt, Brüder-Grimm-Str. 47 (Rathaus), 36396 Steinau an der Straße
Telefon 06663/56 56 oder 56 55, Fax 56 50

Tegernsee

Ehemaliges Benediktinerkloster

VOM MITTELALTERLICHEN KULTURZENTRUM ZUM MODERNEN KURBAD

Unter den großen kulturellen Zentren des Mittelalters nimmt das im 8. Jahrhundert gegründete Benediktinerkloster eine herausragende Stellung ein. Bedeutende Literaten schufen hier schon um die Jahrtausendwende eine umfangreiche Bibliothek. So verdankt die Kulturgeschichte den ältesten Roman des deutschen Mittelalters einem Mönch aus Tegernsee. Mit seinem Werk »Ruodlieb« hinterließ er ein Bild der höfischen Welt und des bäuerlichen Lebens im Mittelalter. Mit der Säkularisation der bayerischen Klöster endete nach einem Jahrtausend Klostergeschichte im Jahre 1803 zwar die Geschichte der Benediktinerabtei, als jedoch das bayerische Königshaus das Klostergebäude zur Sommerresidenz erhob, nahmen der Ort und das ganze Tegernseer Tal einen ungeahnten Aufschwung. So bietet auch die literarische Vergangenheit des heute weltbekannten heilklimatischen Kurortes eine Reihe bedeutender Namen, unter denen Ludwig Ganghofer an erster Stelle genannt werden muß. Sein Werk, das zum Teil in seiner Tegernseer »Villa Maria« entstand, findet nach wie vor stets neue Lesergenerationen. Auch Karl Stieler (1842-1885), der Sohn des Hofmalers Joseph Stieler, verbrachte viele Jahre seines Lebens in Tegernsee. In seinen Werken schrieb er über Land und Leute, Berge und Natur. Ludwig Thoma, aus dessen umfangreichem Werk gerade die »Lausbubengeschichten« den Autor auf eigenartige Weise volkstümlich und nahezu unsterblich werden ließen, besaß seit 1908 ein Landhaus in Tegernsee. Sein Haus beherbergt heute eine Gedenkstätte. Seit 1933 lebte auch Hedwig Courths-Mahler, eine der ersten deutschen Autorinnen mit Bestsellererfolg, in Tegernsee. Nicht vergessen werden darf der bedeutende Karikaturist und »Simplizissimus«-Mitarbeiter Olaf Gulbransson, an den eine umfassende Sammlung seiner Zeichnungen im nach ihm benannten Museum am Kurpark erinnert. Die Liste berühmter Einwohner und vor allem Besucher ist damit keineswegs erschöpft. Sie reicht von dem Minnesänger Walther von der Vogelweide, der um 1215 in Tegernsee weilte (und als einer der wenigen Besucher in der langen Geschichte des Ortes eine Beschwerde hinterließ, weil die Mönche ihm statt des gewünschten Weines »Wazzer« vorsetzten), über russische Zaren und österreichische Kaiser bis hin zum amerikanischen Präsidenten Eisenhower.

Literarische Bezugspunkte: Ehemaliges Benediktinerkloster mit Fresken von Hans Georg Asam, Ludwig Ganghofer-Villa, Ludwig-Thoma-Haus, Hedwig-Courths-Mahler-Haus, Olaf-Gulbransson-Museum, Stieler-Haus, Dichtergräber.

Weitere Sehenswürdigkeiten: Ab voraussichtlich 1995/1996 Heimatmuseum wieder geöffnet, Braustüberl des Herzoglichen Brauhauses, Haus des Gastes, Sport- und Freizeiteinrichtungen.

ℹ️ Kuramt Tegernsee, Hauptstraße 2, 83684 Tegernsee
Tel. 0 80 22/18 01-40/41, Fax 37 58

Landkreis Tirschenreuth

LITERATUR IN DER MITTE EUROPAS

Der Landkreis Tirschenreuth im Norden der Oberpfalz an der Grenze zu Böhmen kann auf eine lange musikalische und literarische Tradition zurückblicken. Sie erstreckt sich zwischen dem Fichtelgebirge bis zum Böhmerwald am Tillenberg, dem 940 m hohen Mittelpunkt Europas. Viele Jahrhunderte hat das Reichsstift Waldsassen den örtlichen Landkreis beherrscht. Zu den berühmtesten Besuchern des Reichsstiftes gehörte Johann Wolfgang von Goethe, der 1786 auf der Reise nach Italien das Stift aufsuchte und der Freundin Charlotte von Stein in einem Brief begeistert von der im Bibliothekssaal (nach

Waldsassen — Basilika

S. Brants »Narrenschiff«) geschnitzten Figurensammlung berichtete. Später kehrte er noch einmal in das Stiftland zurück, um in Mitterteich seine Mineraliensammlung zu vervollständigen. Friedrich Schiller verdankt der Umgebung Tirschenreuths wesentliche Anregungen für seinen »Wallenstein«, dessen historische Kriegszüge der Dichter bei einem Besuch der Gegend verfolgte. Neben Humboldt, Nietzsche und Heimito von Doderer, die zu Gast waren im Stiftsland, hat in unserem Jahrhundert vor allem der in Mitterteich aufgewachsene Dichter und Schriftsteller Max von der Grün literarische Spuren hinterlassen. Er schrieb hier seine »Briefe an Pospisil«. In der Kreisstadt Tirschenreuth wurde 1785 der Mundartforscher Johann Andreas Schmeller geboren. Seine grundlegenden Studien und die Bekanntschaft mit den Brüdern Grimm brachten ihm das schöne Prädikat eines »bayerischen Grimm« ein.

Weitere Bezugspunkte literarischer Kultur lassen sich im Landkreis vielfach ausmachen. In Bärnau hielt sich der Biograph Karl IV. auf, Jan Hus reiste auf dem Weg nach Konstanz durch, der schon erwähnte Friedrich Schiller weilte in der heutigen Knopfstadt und in Mähring. Den letztgenannten Ort sowie Falkenberg erwähnt auch Günter de Bruyn in einem Roman. Weitgehend unbekannt dürfte sein, daß der Nachlaß des bekannten Dichters Gerhart Hauptmann am Kriegsende in Schloß Kaibitz, südlich von Kemnath gelegen, von dem Schriftsteller Erich Ebermayer betreut wurde. Erwähnt werden müßten ebenfalls noch Adalbert Stifter, der von Mitterteich aus ins böhmische Marienbad reiste, und der ostpreußische Schriftsteller Ernst Wiechert, dessen erschütternder Buchenwald-Bericht »Der Totenwald« im Landkreis entstand.

Literarische Bezugspunkte: Kloster Waldsassen, Schmeller-Geburtshaus in Tirschenreuth, Hendlmühle, Schloß Kaibitz, Geburtshaus der Therese Neumann in Konnersreuth.

Weitere Sehenswürdigkeiten: Mittelpunktstein Europas; Tirschenreuth: spätgotischer Flügelaltar, Fischereimuseum; spätgotische Hallenkirche Kemnath; Knopfmuseum Bärnau; Dreifaltigkeitskirche Kappl; Naturschutzgebiet Waldnaabtal; Naturpark Steinwald.

Fremdenverkehrsreferat des Landratsamtes Tirschenreuth,
Johannisstr. 4, 95643 Tirschenreuth
Tel. 0 96 31/8 82 33, Fax 0 96 31/23 91

Trippstadt

Schloß Trippstadt

GROSSE NAMEN IM TIEFEN PFÄLZERWALD

In seinen Memoiren widmet der frühere Bundespräsident Theodor Heuss Trippstadt ein ganzes Kapitel. Er berichtet darin von seinen Kindheitserinnerungen, von den Besuchen bei seinem Onkel, dem Forstmeister Gümbel, der im Trippstadter Schloß wohnte: »Von dort brachte ich die Kunst des Strickens nach Hause...« erinnert sich der Schriftsteller und Politiker später, und vor allem: »...geblieben ist als mächtiger Kindheitseindruck dies eine — Wald!«

Lange vor Theodor Heuss erlebte auch schon Friedrich Schiller diesen Wald. Als hier noch die Schlote rauchten und die Hämmer dröhnten, als die Holzkohle Grundlage für eine blühende Eisenindustrie war, weilte er als Gast der Freiherrn von Hacke ebenfalls im Trippstadter Schloß. Die Anregung zu seiner Ballade »Ein Gang zum Eisenhammer« soll er sich im Wüstetal geholt haben. Die Bezeichnung »Wüstetal« ist zwar heute auf keiner Karte mehr zu finden, aber der Ort ist unter dem weitaus freundlicheren Namen »Karlstal« weit über die Pfalz hinaus bekannt wegen seiner Gesteinsformationen, seltenen Moose und Farne. Auch die Schlote rauchen schon lange nicht mehr, aber an jedem ersten September-Wochenende wieder ein Kohlenmeier — beim Trippstadter Kohlenbrennerfest.

Heinrich von Kleist dürfte wohl kaum gute Erinnerungen von Trippstadt mitgenommen haben, als er in den Jahren 1793/94 als Gefreiter-Korporal an den Rheinfeldzügen teilnahm. Die Schlacht bei Kaiserslautern entschieden die Preußen zwar noch für sich, bei Trippstadt aber wurden sie mit ihren Verbündeten, den Österreichern, von den Franzosen in die Flucht geschlagen.

Auf dem Trippstadter Friedhof führt eine Spur, wenn auch um viele Ecken, zu Goethe. Hier erinnert ein gußeisernes Kreuz an Carl Friedrich Brion, einen Neffen von Goethes Straßburger Liebe Friederike Brion aus Sesenheim. C. F. Brion war als Hüttenwerksdirektor bei den Freiherrn von Gienanth tätig gewesen.

Der große und laute Tourismus hat Trippstadt und Johanniskreuz bis heute noch nicht entdeckt. Noch immer erschließt sich der Pfälzerwald am besten dem Wanderer, der in freundlichen Pensionen und Gasthöfen ebenso Aufnahme findet wie in den Häusern der Naturfreunde und des Pfälzerwald-Vereins.

Literarische Bezugspunkte: Trippstadter Schloß, Stätten der einstigen Eisenindustrie, Schanzen von 1793/94, Brion-Grabmal.

Weitere Sehenswürdigkeiten: Burg Wilenstein, Karlstalschlucht, Brunnenstollen.

ℹ️ Verkehrsamt Trippstadt, Hauptstraße 32, 67705 Trippstadt
Tel. 06306/341, Fax 1529

HERMANN LÖNS'
STILLE LIEBE

Spuren des Dichters Hermann Löns lassen
sich in der Lüneburger Heide am besten
in der Südheide in und um Walsrode suchen.
Hier hat Löns Motive für seine Romane und
Lieder gefunden. Löns »flüchtete« bevorzugt
nach Walsrode, wenn der Großstadttrubel
ihm keine Ruhe für sein literarisches Schaffen
ließ. Daß der Name des Dichters jedoch so
eng mit der Landschaft verbunden wird, liegt
vor allem daran, daß sein Bestseller »Auf der
Lüneburger Heide, in dem wunderschönen
Land...« bis heute ungebrochen populär ist.

Auch in den umliegenden Dörfern Westen-
holz und Ostenholz fand Löns manche An-

Lönshütte

regung. So ist zum Beispiel der Westenholzer Bruch mit der idyllischen Wassermühle Schauplatz seines Romans »Der letzte Hansbur«. Nicht weit entfernt steht seine Jagdhütte, in der er oft wochenlang allein lebte und nachts
seine Erzählungen niederschrieb. Viele unsterbliche Lieder, die später in der
Sammlung »Der kleine Rosengarten« zu hohen Auflagen gelangten, dürften
hier entstanden sein.

Übrigens wird Löns heute als weitsichtiger Förderer eines sinnvollen Natur-
schutzes von der Wissenschaft neu entdeckt. Propagandistischer Mißbrauch
von Teilen seines Werkes hatte den schon 1914 gefallenen Dichter nach dem
Zweiten Weltkrieg trotz Millionenauflagen ein wenig ins Abseits geraten lassen. Seine Meisterschaft der Tier- und Landschaftsschilderung wird sein Werk
jedoch ohne Zweifel noch für Generationen lebendig sein lassen.

Walsrode trägt den Namen des Dichters heute als offiziellen Zusatz zum Orts-
namen. Im Heidemuseum »Rischmannshof« findet man dann auch das Löns-
Zimmer. Außerdem hat die Internationale Löns-Gesellschaft in Walsrode ihren Sitz. Nicht weit von hier liegt im Tietlinger Wacholderhain zu Walsrode
inmitten wunderschöner Landschaft das Grab des großen Dichters der Heide.

So bieten Walsrode und die umliegenden Ortschaften die beste Möglichkeit
einer Löns-Spurensuche, und dies noch immer, wie zu Zeiten des Dichters,
etwas abseits vom großen Heidetourismus.

Literarische Bezugspunkte: Stadtwald Eckernworth, Heidemuseum »Rischmannshof«
mit Lönszimmer, Jagdhütte Westenholzer Bruch, Westenholzer Mühle, Tietlinger Wacholderhain mit Lönsgrab und Denkmal, Siebensteinhäuser in Ostenholz.

Weitere Sehenswürdigkeiten: Vogelpark Walsrode, 1000jähriges Kloster, Meinerdinger
Kirche (1276), Stellichter Renaissance-Kirche, Kirche und Kirchhof Düshorn mit kultur-
historisch ungewöhnlichen Grabsteinen, Archäologischer Hügelgräberpfad, Hünengrab
in Krelingen.

> [i] Fremdenverkehrsamt Walsrode, Lange Str. 20, 29664 Walsrode
> Tel. 0 51 61/20 37, Fax 7 33 95

Waren (Müritz)

EIN VOLKSPROFESSOR AUS WAREN

Richard Wossidlo, besser unter dem Prädikat »Volksprofessor« bekannt, lebte von 1859 bis 1939. In Waren trat er 1886 die Stelle eines Oberlehrers an und wurde bald darauf am Städtischen Gymnasium zum Professor ernannt. Als solcher wirkte er hier bis zu seinem Tode. Berühmtheit erlangte der »Volksprofessor« (übrigens eine liebevolle Bezeichnung der Warener Bevölkerung) durch seine bedeutsame Sammlung volkstümlichen und plattdeutschen Sprachgutes. Schon 1894 schrieb er, angesichts einer Zeit, die noch wenig Verständnis und Interesse für die wissenschaftliche und künstlerische Beschäftigung

Plastik »Lütt Matten«

mit der Sprache des einfachen Volkes zeigte: »...Schwierigkeiten und unerwartete Hemmnisse können die Liebe zu einer guten Sache nicht ertödten. Ich meinerseits werde trotz aller Opfer, die die Fortführung des Werkes mir seit langem auferlegt, nicht aufhören, mit stiller Freude jedes Goldkorn vom Boden zu lesen, wo ich es finde; es wird auch einmal die Zeit kommen, wo man denen dankbar sein wird, die mit treuem Bemühen ein unverfälschtes Spiegelbild heimischen Volkslebens zu retten suchten.« Wossidlo konnte kaum ahnen, wie sehr heute Sprach- und Kulturwissenschaften die Bemühungen der Forscher früherer Jahrzehnte zu schätzen wissen. Mit Millionen von Notizen leistete er Grundlagenarbeit für ein Mecklenburgisches Wörterbuch.

Das Weinbergschloß, in dem Richard Wossidlo lebte und seine umfangreiche Sammlung anlegte, ist heute noch zu besichtigen. Seit Anfang der 50iger Jahre befindet sich hier die Bibliothek.

Neben Wossidlos Sammlung hat Waren dem Literaturreisenden einen weiteren Höhepunkt zu bieten. Im ehemaligen Gymnasium befindet sich die älteste erhaltene Gymnasialbibliothek Mecklenburg-Vorpommerns. Sie wurde 1869 gegründet, besitzt aber Literatur auch schon aus dem 15./16. Jahrhundert und ist damit ein außerordentlich interessantes Zeugnis der Bildungsgeschichte Deutschlands. Diese Bibliothek war auch eine Wirkungsstätte Richard Wossidlos.

In Waren wird übrigens auch das Andenken an Johann Heinrich Voß gepflegt, der im nahen Sommerstorf zur Welt kam.

Literarische Bezugspunkte: Wossidlo-Gedenkstein, Wossidlo-Wohnhaus Weinbergschloß, Wossidlo-Schulgebäude mit Gymnasialbibliothek, Niederdeutsches Kommunikationszentrum im Gymnasium »Richard Wossidlo«, Fahrgastschiff »Wossidlo«, Wossidlo-Straße, Kulturhaus »Wossidlo«, Interessengemeinschaft »R. Wossidlo«.

Weitere Sehenswürdigkeiten: Museum mit Müritz-Aquarium und Vogelpark; Waren ist Tor zum Müritz-Nationalpark.

 Waren (Müritz) Information, Neuer Markt 19, 17192 Waren (Müritz)
Tel. 0 39 91 / 41 72

Weiden i.d. OPf.

STATIONEN
WEIDENER LITERA-TOUR

Wer sich mit der Stadt Weiden in der Oberpfalz befaßt, glaubt, außer dem Komponisten Max Reger, der um die Jahrhundertwende hier seine Jugend- und Schaffensjahre verbrachte und in der St. Michaelskirche seine Orgelwerke spielte, kaum etwas »Literarisches« vorzufinden. Aber die »Max-Reger-Stadt« Weiden hat genügend zu bieten. Die 1241 erstmals urkundlich erwähnte Stadt sah als Schnittstelle zweier bedeutender Altstraßen (»Goldene Straße« zwischen Nürnberg und Prag, »Magdeburger Straße« zwischen Italien und Ostsee) viele prominente Reisende, Militärs, Theologen, Künstler, Literaten.

Altes Rathaus

Einer der ersten, der seine Eindrücke in einem Brief festhielt, war im Oktober 1414 der tschechische Reformator Jan Hus auf dem Weg zum Konzil nach Konstanz, und auch Goethe berichtet am 3. Sept. 1786 auf seiner italienischen Reise von der Ankunft in Weiden. 1791 recherchiert Schiller, dessen Urgroßvater Mathäus Urschalk aus dem benachbarten Erbendorf stammt, für »Wallensteins Tod« und die Einflechtung der historischen Schlacht bei Neustadt (1634) in Weidens Umgebung. Im August 1867 wohnt Nietzsche mit seinem Freund Erwin Rohde auf der »Reise in den Böhmerwald« in der Grabenwirtschaft »Zum Schwane«. Dieser Gasthof ist am 14. August 1876 »überfüllt«, so daß Karl Marx mit Tochter Eleanor auf seiner Reise ins böhmische Karlsbad die Nacht im Bahnhofswartesaal verbringen muß. Ein Stück Oberpfälzer Eisenbahngeschichte verewigt Thomas Mann 1908 in der Novelle »Das Eisenbahnunglück«. Bestseller-Autorin Sandra Paretti erlebt am 22. April 1945 den Einmarsch der US-Army in Weiden, und der Schriftsteller Erich Loest geisterte in jener Zeit als »Werwolf« in den »böhmischen Wäldern« und erlebte seine Kriegsgefangenschaft in Weiden. 1985 kommt er zu den 1. Weidener Literaturtagen.

Walter Höllerer, Mitbegründer der schon legendären »Gruppe 47«, gelang im Mai 1986 anläßlich seiner Weidener Rede: »Mittelpunkt am Rand« mit seinem inzwischen berühmten Wort »Provinz ist, was du daraus machst!« die wohl treffendste Charakterisierung Weidener Gegenwartskultur.

Literarische Bezugspunkte: Altes Rathaus (Ort der Friedenspredigt des Tobias Clausnitzer), Schuhhaus Sauer (Poststation für Goethe, 1786), Konrad-Adenauer-Anlage (vorm. Grabenschenke, Raststätte für Karl Marx und Nietzsche), Sparkassenzweigstelle Schlörplatz (hist. Fuhrmannshof, Raststelle für Jan Hus, 1414).

Weitere Sehenswürdigkeiten: Rokoko-Kirche St. Michael (Max-Reger-Orgel), Jugendstilkirche St. Josef, Waldsassener Kasten (Internationales Keramikmuseum), Unteres Tor mit Stadtmauerresten, Altes Schulhaus (Stadtmuseum mit Max-Reger-Sammlung).

 Fremdenverkehrsamt Weiden i.d. OPf., Altes Rathaus,
92610 Weiden i.d. OPf., Tel. 0961/81-412 oder 81-414, Fax 81-180

Weimar

Goethes Gartenhaus

Auf den Spuren der Klassiker

Als Stadt der klassischen deutschen Literatur, als Wirkungsstätte der großen Dichter Goethe und Schiller und als eines der Zentren deutschen Kulturlebens ist Weimar Anziehungspunkt für Touristen aus aller Welt. Besonders in den Jahrzehnten zwischen 1770 und 1830 trug die Anwesenheit dieser und weiterer Geistesgrößen — neben Goethe und Schiller auch Wieland und Herder — zum Ruhm Weimars bei. Die Stadt wurde zur schöngeistigen Metropole Deutschlands. Bis in die heutige Zeit wirken schöpferische Kraft und humanistischer Geist weiter. Davon zeugt auch die Wahl Weimars zur »Kulturstadt Europas 1999«, dem Jahr des 250. Geburtstages von Goethe. Die zahlreichen Gäste lassen sich stets aufs Neue von der einzigartigen Atmosphäre dieser Stadt bezaubern, jener Mischung von kleinstädtischer Beschaulichkeit und einem Flair von Welt.

Als Johann Wolfgang Goethe 1775 auf Einladung des Herzogs Carl August nach Weimar kam, sollte er dieser Stadt über fünf Jahrzehnte schöpferisch verbunden bleiben. Ab 1782 bis zu seinem Tode bewohnte der Dichterfürst das Haus am Frauenplan, das seit 1885 als Museum zu besichtigen ist. Neben Goethe ist wohl Friedrich Schiller die bedeutendste Dichterpersönlichkeit, die eng mit dem Namen der Stadt verbunden ist. 1799 siedelte er endgültig nach Weimar über und wohnte dann in dem Haus an der Esplanade, dem heutigen Schillerhaus. Das Erlebnis der reizvollen Parkanlagen gehört untrennbar zu einem Weimar-Besuch. Im Park an der Ilm erinnern vor allem Goethes Gartenhaus und das Römische Haus an den »Genius Huius Loci«, den Geist des Ortes. Wenige Kilometer vor der Stadt liegen die Schlösser und Parkanlagen Tiefurt, Belvedere und Ettersburg. Und nicht zuletzt sind es die zahlreichen Goethe- und Schiller-Gedenkstätten im Thüringer Raum, die liebevoll und sorgfältig der beiden großen Dichter gedenken.

Literarische Bezugspunkte: Goethes Wohnhaus am Frauenplan mit Goethemuseum, Schillers Wohnhaus mit Schillermuseum, Herzogin Anna Amalia Bibliothek, Goethes Gartenhaus im Park an der Ilm, Goethe- und Schiller-Denkmal vor dem Deutschen Nationaltheater, Fürstengruft auf dem Historischen Friedhof, Jakobskirchhof, Wittumspalais mit Wielandmuseum, Wieland-Denkmal, Stadtkirche St. Peter und Paul, Herder-Denkmal, Schlösser und Parks Tiefurt, Belvedere und Ettersburg, Goethe- und Schiller-Gedenkstätten im Thüringer Raum — Dornburger Schlösser, Schloß Kochberg, Stützerbach, Gabelbach, Jena, Bauerbach.

Weitere Sehenswürdigkeiten: Kunstsammlungen zu Weimar im Stadtschloß, Schloß Belvedere mit Rokokomuseum und Sammlung historischer Wagen, Liszthaus, Nietzsche-Archiv, Stadtmuseum im Bertuchhaus.

ℹ️ Tourist-information Weimar, Markt 10, 99421 Weimar,
Tel. 03643/20 21 73, Fax 03643/61 240

AUF NOVALIS' SPUREN

Friedrich von Hardenberg, 1772 in Oberwiederstedt geboren, gab sich selbst den Dichternamen Novalis (»der Neuland Bestellende«). Hinter diesem romantischen Namen, der bereits die Mission seiner literarischen Sendung beinhaltet, verbarg sich der junge Salinenassessor und spätere Amtshauptmann im Thüringischen Kreis. Der Dichtername Novalis erwies sich über seinen Tod (1801) hinaus von Dauer und hat weitgehend das Bild beeinflußt, das sich die Nachwelt vom Dichter machte. Novalis gilt als der geistreichste und feinsinnigste Vertreter der Frühromantik.

Novalisgrab im Stadtpark

Friedrich von Hardenberg war 13 Jahre alt, als seine Familie den Gutsbesitz in Oberwiederstedt verließ und nach Weißenfels übersiedelte, wo sein Vater Heinrich Ulrich Erasmus von Hardenberg das Amt eines kursächsischen Salinendirektors übernahm. Im Spannungsfeld streng pietistischer Erziehung und den Geistesströmungen des Spätbarock, der Aufklärung und des höfischen Absolutismus entwickelte der Sohn Friedrich schon früh eine eigene Urteilsbildung. Sein Elternhaus wurde ihm zum Ausgangspunkt seines Bildungsstrebens, das ihn an die Universitäten Jena, Leipzig, Wittenberg und schließlich an die Bergakademie in Freiburg führte.

Der Dichter ist nicht zu trennen vom Philosophen und Beamten. Aus diesen drei Fäden ist das Leben Friedrich von Hardenbergs gesponnen auf dem Hintergrund seines Schicksals, das durch den frühen Tod seiner Braut, dem Hinsterben seiner Brüder und der Ahnung des eigenen frühen Todes gezeichnet ist. In seinem Elternhaus, dem heutigen Novalis-Haus, verschied er im Beisein seines Freundes Friedrich Schlegel am 25. März 1801.

Neben Novalis ist es vor allem die Schriftstellerin Louise von François, die die literarische Tradition der Stadt verkörpert. Mit ihren zunächst anonym in Cottas »Morgenblatt« erschienenen Erzählungen avancierte sie bald zur erfolgreichen Schriftstellerin. Sie starb am 25. Sept. 1893 in Weißenfels und wurde hier beerdigt.

Literarische Bezugspunkte: Novalis-Haus, Klosterstr. 24 (noch keine Gedenkstätte, in der Planung ab 1993) mit angrenzendem Barock-Garten und Pavillon; Novalis-Büste im Stadtpark (von Friedrich Schaper, 1872) mit Gedenkstein für Adolf Müllner (1774-1829), Schriftsteller und Lit. Kritiker; Wohnhaus der Schriftstellerin Louise v. François (1817-1893); Wohnhaus des Schriftstellers, Komponisten und Bibliothekars Johann Beer (1655-1700); in nächster Umgebung: Nietzsche-Gedenkstätte in Röcken, Seume-Geburtsort Poserna.

Weitere Sehenswürdigkeiten: Schloß Neu-Augustusburg (mit Schloßkirche), Heinrich-Schütz-Gedenkstätte, Marktplatz mit Rathaus, Marienkirche am Markt mit Kavaliershäusern.

 Weißenfels-Information, Nikolaistr. 37, 06667 Weißenfels,
Tel. 0 34 43 / 30 70 70

Wiepersdorf

Landkreis Teltow-Fläming
Brandenburg

Schloß Wiepersdorf

Ein Barock-Schlösschen besonderer Art

In dem verträumten Dörfchen Wiepersdorf bei Jüterbog, etwa 80 km südlich von Berlin gelegen und von der eigenwilligen Landschaft der »Wasserheide« umgeben, verbirgt sich mit dem schlichten zweigeschossigen Schloß Wiepersdorf eine Stätte, die in der deutschen Kulturgeschichte bis heute eine ungewöhnliche Faszination ausstrahlt. Das besondere Ansehen erhielt das Schloß durch das Dichterehepaar Bettina und Achim von Arnim, die hier gelebt und gewirkt haben und, wenn man es recht betrachtet, noch heute wirken.

Im Jahre 1814 war Achim von Arnim, einer der bedeutendsten Vertreter der deutschen Romantik, auf das ererbte Gut Wiepersdorf übergesiedelt und bemühte sich, seiner Rolle als Landwirt gerecht zu werden. Seine Frau Bettina, die ihm vier Söhne und drei Töchter geboren hat, lebte nur zeitweise in Wiepersdorf. Ungeachtet der häufigen Abwesenheit der Hausherrin war das Wiepersdorfer Haus der Arnims jedoch stets ein Ort der Begegnung und des regen Gedankenaustausches. Zu den häufigen Gästen im Schloß zählten u.a. die Brüder Grimm.

Während Achim von Arnim bereits vor und auch während seiner Ehe mit Bettina schriftstellerisch tätig war, genannt sei hier die heute noch bekannte Sammlung alter deutscher Lieder »Des Knaben Wunderhorn« (gemeinsam mit seinem Schwager Clemens Brentano veröffentlicht), trat Bettina von Arnim erst nach dem Tod ihres Mannes (1831) im Jahre 1835 mit ihrem ersten Buch hervor. Es trug den Titel »Goethes Briefwechsel mit einem Kinde« und avancierte in kurzer Zeit zu einem regelrechten Bestseller der Goethe-Literatur. Ihr gesamter literarischer Nachlaß, Bettina von Arnim stirbt 1859, zeigt das Bild einer äußerst interessanten Frau. In Wiepersdorf fanden die Arnims ihre letzte Ruhestätte.

Noch heute ist das Wirken von Achim und Bettina von Arnim im Schloß und im Park mit seinen Skulpturen und den wohl am nördlichsten stehenden Callot-Figuren zu verspüren. Sicher ganz in ihrem Sinne ist auch die heutige Nutzung des Schlosses als Arbeits- und Begegnungsstätte für Künstler.

Literarische Bezugspunkte: Schloß Wiepersdorf mit Park und Grabstätte der Familie von Arnim.

Weitere Sehenswürdigkeiten: Jüterbog mit mittelalterlichem Stadtkern, Nikolaikirche, Mönchenkirche (Bibliothek), Museum; Zisterzienserkloster in Kloster Zinna; Museum in Dahme; Luckenwalde mit Gründerzeit- und Bauhausarchitektur, Theater, Museum.

Stadtinformation, Markt, 14913 Jüterbog, Tel. 03372/27 71
Stadtinformation, R.-Breitscheid-Str. 6, 14943 Luckenwalde,
Tel. 03371/21 12

Winsen (Luhe)

GEBURTSSTADT JOHANN PETER ECKERMANNS

»In Winsen an der Luhe, einem Städtchen zwischen Lüneburg und Hamburg, auf der Grenze des Marsch- und Heidelandes« wurde Johann Peter Eckermann am 21. September 1792 geboren. Neben der Marienkirche steht das Denkmal, das aus Anlaß seines 100. Todestages am 3. Dezember 1954 enthüllt wurde.

Marstall mit Museum

Nur wenige Schritte davon entfernt befand sich in der Marktstraße das Bürgerhaus, in welchem der Verfasser der »Gespräche mit Goethe in den letzten Jahren seines Lebens« zur Welt kam. Und mitten in der Altstadt, wo die Schmiedestraße in den Haselhorsthof mündet, verlebte der Sohn armer Eltern seine Kindheit »in einer Hütte, die man wohl ein Häuschen nennen kann, das nur einen heizbaren Aufenthalt und keine Treppe hatte, sondern wo man auf einer gleich an der Haustür stehenden Leiter unmittelbar auf den Heuboden stieg.«

In der Einleitung zu den »Gesprächen« erinnert sich Eckermann dieser Kinderjahre. Nicht die Schule, sondern die Natur wurde sein Lehrmeister, jenes Marschland an Elbe, Ilmenau und Luhe, und die Geest mit den weiten Heideflächen und Wäldern, die er auf den Wanderungen mit dem Vater, der sich als Hausierer durchschlug, kennen und lieben lernte. Seine zeichnerische Begabung führte zu einem Besuch auf dem Schloß und in der Folge zu privatem Unterricht unter der Aufsicht des Superintendenten Parisius. Hier wurden die Wurzeln für seine spätere Entwicklung gelegt, die ihn zu Goethe nach Weimar führte. Weder das Geburtshaus noch das Haus seiner Jugendjahre sind erhalten geblieben.

Schüler der Johann-Peter-Eckermann-Realschule schmücken alljährlich das Denkmal in Winsen und das Grabmal in Weimar mit einem Heidekranz. Im Museum im Marstall findet der Besucher Erinnerungen an Eckermann.

Zwei weitere Literaten kamen in Winsen zur Welt: Am 10. Januar 1870 Ernst Preczang, der die »Büchergilde Gutenberg« mitbegründete; am 10. Juli 1871 der expressionistische Lyriker Franz Evers. Seit 1952 wohnte Ernst von Salomon, der Verfasser des »Fragebogen«, am Großen Brack in Stöckte. Er starb am 9. August 1972 und wurde in Heiligenthal beigesetzt.

Literarische Bezugspunkte: Eckermann-Denkmal, Gedenktafel am Haus in der Schmiedestraße, Museum im Marstall.

Weitere Sehenswürdigkeiten: Schloß Winsen, Marienkirche, Blaufärberhaus in der reizvoll sanierten Altstadt, Stift St. Georg, Kirche St. Gertrud in Pattensen, Ilmenausperrwerk an der Elbe.

> 1. Reisebüro Winsen, Rathausstraße 38, 21423 Winsen (Luhe)
> 2. Rathaus, Schloßplatz 1, 21423 Winsen (Luhe)

Wörlitz

Wörlitz Schloß

AN DER SPITZE EUROPÄISCHER KULTUR

»Hier ists iezt unendlich schön. Mich hats gestern Abend wie wir durch die Seen Canäle und Wäldgen schlichen sehr gerührt wie die Götter dem Fürsten erlaubt haben einen Traum um sich zu schaffen.« Goethe schilderte voller Begeisterung die Englischen Anlagen zu Wörlitz in einem Brief an Charlotte von Stein.

Schon 1776 unternahmen der Dichter und der Herzog Carl August die erste Reise in das Gartenreich des Fürsten Leopold III. Friedrich Franz von Anhalt-Dessau. Die Weimarer holten sich hier entscheidende Anregungen für die Gestaltung des eigenen Parks an der Ilm.

Nach Ansicht vieler Kulturhistoriker stand das kleine Fürstentum zwischen 1770 und 1790 in vielen Beziehungen ohne Zweifel an der Spitze europäischer Kultur: Von hier aus nahmen Landschaftsgartenbau, Klassizismus, Neugotik und moderne Pädagogik auf dem Festland ihren Anfang.

Die hier praktizierte aufklärerische Reformpolitik gipfelte im Landesverschönerungswerk, das von Zeitgenossen wie Elisa von der Recke, Basedow, Gleim, Jean Paul, Herder und Klopstock enthusiastisch aufgenommen wurde und deren Schaffen vielfältig beeinflußte.

Der Weltreisende Georg Forster schenkte dem Fürsten eine völkerkundliche Sammlung aus der Südsee, die noch heute als »Forster-Sammlung« in einer ständigen Ausstellung zu bewundern ist. Die Sammlung enthält unter anderem auch eine Karte mit der eingezeichneten Route, die Forster zusammen mit dem großen Weltumsegler James Cook zurücklegte.

Friedrich von Matthison, der Dichter der »Adelaide«, lebte eine Zeitlang in Wörlitz als Privatsekretär der Fürstin Luise. Im Jahre 1829 ließ er sich endgültig in Wörlitz nieder, wo er 1831 verstarb. Sein Grab befindet sich auf dem Wörlitzer Friedhof.

Welche Ausstrahlung der Ort auf das gebildete Europa hatte, mag auch daran zu ersehen sein, daß allein zwei bedeutende Literaten, Karl August Böttiger 1797 und Theodor Körner 1810, ihre Reisen unter dem Titel »Reise nach Wörlitz« literarisch dokumentierten.

Literarische Bezugspunkte: Landschaftsgarten Wörlitz mit Museen, Nymphäum, Georg-Forster-Stätte, Herderinsel und Rousseauinsel; Friedhof Wörlitz.

Weitere Sehenswürdigkeiten: Biosphärenreservat Mittlere Elbe; Oranienbaum (6 km) mit Park und Schloß; Dessau (18 km) mit den Park- und Schloßanlagen Luisium, Georgium, Mosigkau und dem Bauhaus.

 Wörlitz-Information, Neuer Wall 103, 06786 Wörlitz,
Tel. 03 49 05 / 216

Wurzen

GEBURTSSTADT VON JOACHIM RINGELNATZ

Ringelnatz-Geburtshaus

Die sächsische Kleinstadt Wurzen, an der Bundesstraße 6 von Leipzig nach Dresden an der Mulde gelegen, hat im Verlauf ihrer über 1000jährigen Geschichte mehrere literarische Söhne von Rang hervorgebracht. Zu ihnen gehören Magnus Gottfried Lichtwer, Georg Bötticher und vor allem dessen Sohn Hans Bötticher (seit 1919 Joachim Ringelnatz), der als Schöpfer der Seemannsfigur Kuttel Daddeldu in die Literatur- und Kabarettgeschichte einging.

Das Geburtshaus von Magnus Gottfried Lichtwer (1719-1783) ist erhalten. Es steht am Domplatz 4, direkt an die Westseite des spätgotischen Doms angelehnt. Nach dem Jurastudium in Leipzig ließ sich Lichtwer als preußischer Beamter in Halberstadt nieder. Seine Fabeln (Vier Bücher Aesopischer Fabeln, 1748) gehören zu den schönsten der Weltliteratur.

Von 1875 bis 1887 lebte der begabte Musterzeichner und sehr beliebte Unterhaltungsschriftsteller Georg Bötticher (1849-1918) in Wurzen. Er schrieb Lustspiele, Märchen, Parodien und Satiren meist in sächsischer Mundart, die in Reclams Universalbibliothek herauskamen (Alfanzereien, 1899; Lyrisches Tagebuch des Leutnants von Versewitz, 1901/04). Er war Herausgeber von Auerbachs Kinderkalender und Mitbegründer der Leipziger Künstlervereinigungen Stalaktiten und Leoniden. Heute scheint er vergessen zu sein. Im Geburtshaus von Joachim Ringelnatz (1883-1934), einem Barockbau am Crostigal 14, in dem er die ersten vier Lebensjahre verbrachte, hat das kommunale Museum eine umfangreiche Ausstellung eingerichtet, die das Leben und Wirken der beiden künstlerischen Doppelbegabungen eindrucksvoll veranschaulicht. Ringelnatz, der vielzitierte Dichter, gefeierte Vortragskünstler und viel zu wenig beachtete Maler, führte ein abenteuerliches Leben auf See, übte 35 Berufe aus, ehe er sich in München und ab 1930 in Berlin niederließ, wo er in Armut und von den Nazis verfemt starb. Im Ringelnatz-Haus sind die Gedichte, Balladen, Kinder(verwirr)bücher und autobiografischen Erzählungen in Erstausgaben, auch Bibliophiles, Fotografien, Plakate und Programme seiner Auftritte und ein Originaltonfilm von 1933 zu sehen. Aquarelle und Handzeichnungen vertiefen den Einblick in das vielseitige literarische und künstlerische Œuvre dieses »bisweilen herzbetrunkenen Kindes« Ringelnatz. Der Ringelnatz-Club bietet Raum für Vorträge und Kleinkunstveranstaltungen.

Literarische Bezugspunkte: Ringelnatzbrunnen, Pesthäuschen, kulturgeschichtliches Museum, Lichtwer-Geburtshaus.

Weitere Sehenswürdigkeiten: Dom und Schloß, Altes Rathaus, Stadtkirche St. Wenceslai, Altstadt, Schlösser und Parks der Umgebung.

 Fremdenverkehrsbüro Wurzen-Information, Markt 5, 04808 Wurzen
Tel.: 0 34 25/81 60 00, Fax 71 68

Wyk auf Föhr

Friesenhaus

WYK LITERARISCH:
ANDERSEN, FONTANE,
MORGENSTERN

Unter den vielen Literaten, die das 1819 gegründete Seebad Wyk auf Föhr besuchten, war der dänische Märchendichter Hans Christian Andersen der berühmteste. Er weilte als Gast des Königs Christian VIII. im August/September 1844 zehn Tage in Wyk, das damals für mehrere Jahre die Sommerresidenz des Kopenhagener Hofes war. Als literarischer Ertrag dieser Reise gilt Andersens Roman »Die zwei Baronessen«.

Sein erster Eindruck war sehr positiv: »Die Insel sieht freundlich aus, die Stadt reinlich. Es war, als käme ich mitten eines Festes...« Er wohnte in der Hauptstraße, war täglich zu Gast bei den Majestäten und erfreute sie durch das Vorlesen seiner Märchen.

Eine Fahrt zur Hallig Oland brachte neue Eindrücke. Eine »Lustfahrt« führte zur Insel Amrum. Im Dorf Boldixum besuchte er einen Gottesdienst und betrachtete die kunstvollen Seefahrer-Grabsteine.

Natürlich hatte der Dichter auch in der Nordsee gebadet. Sein Kompliment an das Föhrer Seebad steht in einem Brief: »Ich muß sagen, es ist das unvergleichlichste Wasser, in dem ich je gewesen bin!« Der Dichter erlebte die Nordsee zum erstenmal in Wyk; er stand derzeit auf dem Höhepunkt seines Ruhms.

Theodor Fontane jedoch war bereits 72 Jahre alt, als er 1891 Wyk auf Föhr besuchte. Er schrieb hier an seinem Roman »Mathilde Möhring«. Trotz eines »kolossalen Bellhustens«, der ihn plagte, berichtete er Gutes an Frau und Tochter: »Der Anblick des Meeres erfreut mich immer wieder, die Luft ist schön, die Verpflegung vortrefflich.«

Christian Morgenstern führte ein Wanderleben, teils aus Unrast, teils um wegen seiner Tuberkulose immer wieder Sanatorien aufzusuchen. 1895 war er erstmalig in Wyk; 1905 quartierte er sich in Boldixum ein und erholte sich in Dr. Gmelins Sanatorium von einem Fieberanfall. Er schrieb auf Föhr etliche Briefe, einige Essays und Gedichte.

Literarische Bezugspunkte: (Andersen) Gedenktafel am Haus Große Str. 16, St. Nicolai-Kirche, Hallig Oland u. Amrum; (Fontane) Gedenktafel am Haus Sandwall 32; (Morgenstern) Wohnhaus in Boldixum Reidschott Nr. 1.

Weitere Sehenswürdigkeiten: Friesenmuseum Wyk, Inselkirchen in Nieblum und Süderende, Lembecksburg in Borgsum, Mühlen in Wyk, Wrixum, Oldsum und Gotin, vorgesch. Grabhügel.

[i] Kurverwaltung, 25938 Wyk auf Föhr,
Tel. 04681/3052+3053, Fax 3066

Literaturempfehlungen

Angegeben sind sowohl aktuelle, lieferbare Werke als auch historische Ausgaben, die über die Fernleihe der Bibliotheken zu beziehen sind. Weitere Empfehlungen im örtlichen Buchhandel und in öffentlichen Bibliotheken.

Allstedt
T. Müntzer: Fürstenpredigt; Schriften und Briefe
K. Rommel: Reisen zu Müntzer

Angermünde
Ehm Welk: Romane

Anklam
R. Fret: Anklam Innenansichten
F. Reuter: Werke
U. Johnson: Werke

Ansbach
J. Wassermann: Kaspar Hauser
H. Pies: Kaspar Hauser

Arendsee
T. Fontane: Grete Minde
A. Kahrs: Dichter Reisen

Aschersleben
A. Olearius: Werke
J. W. Gleim: Werke

Augsburg
B. Brecht: Baal; Trommeln in der Nacht; Augsburger Kreidekreis
W. Brecht: Unser Leben in Augsburg, damals

Bad Bertrich
E. Elert: Werke
W. Möbius: Die Beichte von Bad Bertrich
C. Viebig: Werke

Bad Frankenhausen
L. Bechstein: Die Sagen des Kyffhäusers
H. Müller: Der Kyffhäuser

Bad Muskau
G. J. Vaupel (Hrg.): (Pückler-Muskau) Andeutungen über Landschaftsgärtnerei,
ders. (Pückler-Muskau) Briefe eines Verstorbenen

Bad Segeberg
T. Storm: Auf dem Segeberg (Gedicht)
G. Storm: Theodor Storm, Briefe an seine Braut

Bad Wildbad
L. Uhland: Überfall im Wildbad

Ballenstedt
W. v. Kügelgen: Jugenderinnerungen eines alten Mannes

Bamberg
B. in alten und neuen Reisebeschreibungen
B., Wegweiser durch Stadt und Umgebung
E. T. A. Hoffmann: Ritter Gluck, Undine, Don Juan

Berlin
B. in alten und neuen Reisebeschreibungen
B. literarisch

Biberach
C. M. Wieland: »Oberon«, 4. Gesang, Vers 22; Werke
H. Bock: Wieland in Biberach und Weimar

Blaubeuren
H. Hesse: Die Nürnberger Reise
E. Mörike: Die Historie von der schönen Lau

Bomlitz
A. Schmidt: Aus dem Leben eines Fauns, Leviathan

Brakel
A. v. Droste-Hülshoff: Die Judenbuche
R. Königshoven: Exkursion Judenbuche
H.-D. Krus: Mordsache Soistmann Berend

Bretten
P. Melanchthon: Werke
G. Urban: P. Melanchthon

Buckow
B. Brecht: Buckower Elegien

Dachau
L. Thoma: Werke

Darmstadt
Darmstädter Bürgerbuch
Darmstadt — Ein Lesebuch

Detmold
C. D. Grabbe: Werke
K. Ziegler: Grabbes Leben
F. Freiligrath: Werke
G. Weerth: Werke

Düsseldorf
D. in alten und neuen Reisebeschreibungen
D. zu Fuß;
H. Heine: Buch Le Grand

Eisenach
J. v. Bechtolsheim: Werke
F. Reuter: Werke;
U. Rößling: Reisen zu Luther

Eisfeld
O. Ludwig: Die Heiterethei; Aus dem Regen in die Traufe; Zwischen Himmel und Erde

Eisleben
U. Rößling: Reisen zu Luther

Erkner
G. Hauptmann: Werke

Eschwege
E. Höfling: O alte Burschenherrlichkeit (Lied)
R. Hochhuth: Dramen

Eutin
J.H. Voß: »Luise«
Eutin — Kulturhistorischer Stadtführer
K. Langenfeld: Johann Heinrich Voß, Mensch — Dichter — Übersetzer

Frankfurt (Oder)
T. Fontane: Vor dem Sturm

Fürstenberg
T. Fontane: Der Stechlin, Wanderungen...

Fürth
J. Wassermann: Die Juden von Zirndorf, Das Gänsemännchen

Görlitz
J. Böhme: Werke
J. Wüsten: Werke

Goslar
H. Heine: Harzreise
H. Hahnemann: Goslar im Spiegel der Literatur

Güstrow
E. Barlach: Die Echten Sedemunds (Schauspiel)
J. Brinckman: Werke
U. Johnson: Ingrid Babendererde; Mutmaßungen über Jakob; Jahrestage

Hameln
Grimms Märchen
K. P. Moritz: Anton Reiser

Hanau
L. Denecke/K. Schulte Kemminghausen: Die Brüder Grimm
E. M. Iba: Auf den Spuren der Brüder Grimm von Hanau nach Bremen

Hannover
Hannover — Ein Lesebuch
R. Ertel: Hannover literarisch

Heide
K. Groth: Werke
Arnold, Könenkamp, Nissen: Heide um 1500
Lübbe, Pump: Heide — Stadt im Nordseewind

Heilbronn
Goethe: Götz von Berlichingen
Kleist: Käthchen von Heilbronn
W. Waiblinger: Werke und Briefe

Heiligenstadt
T. Storm: Novellen (besonders): Veronika, Auf dem Staatshof, Späte Rosen, Drüben am Markt, Im Schloß

Helmstedt
A. H. Hoffmann von Fallersleben: Mein Leben
W. Raabe: Die alte Universität

Herford
Wittekindsagen
H. Koenig: Werke
G. Kaldewei (Hrg.): Hertha Koenig. Spuren einer westf. Dichterin

Heringsdorf (Seebad)
T. Fontane: Meine Kinderjahre
M. Gorki: Meine Universitäten
W. Alexis: Meeresschaumflocken

Hohenstein-Ernstthal
K. May: Mein Leben und Streben; Das Buschgespenst

Husum
T. Storm: Werke
D. Caspar: Reise-Tutor-Schimmelreiter
S. Leiste-Bruhn: Exkursion Aquis submersus

Ilmenau
W. Ehrlich: Ilmenau — Gabelbach — Stützerbach
J. Voigt: Goethe und Ilmenau

Kamenz
G. E. Lessing: Werke
W. Drews: Lessing

Kaufbeuren
L. Ganghofer: Lebenslauf eines Optimisten; Romane
S. v. La Roche: Geschichte des Fräuleins von Sternheim

Königstein
A. Bebel: Die Frau und der Sozialismus
F. Wedekind: Der Marquis von Keith

Köthen
W. Müller: Köthen in der Geschichte
A. Weiser: Die fruchtbringende Gesellschaft

Konstanz
G. Schwab: Der Bodensee...
D. u. P. Schiller: Bodensee
K. Ein Lesebuch

Lobenstein
H. Albert: Ännchen von Tharau (Lied)

Lorsch
Nibelungensage

Luckau
O. E. Hartleben: Fragmente eines Lebens (Tagebuch)

Ludwigsburg
J. Kerner: Bilderbuch aus meiner Knabenzeit
E. Mörike: Orplid, Peregrina-Lieder
F. Burschell: Friedrich Schiller

Ludwigshafen am Rhein
E. Bloch: Werke
F. Burschell: Friedrich Schiller

Ludwigslust
J. Gillhoff: Werke

Lübben
P. Gerhardt: Lieder

Magdeburg
H. J. Krenzke (Hrg.): Magdeburg — Kleiner Stadtführer

Manderscheid
C. Viebig: Kinder der Eifel; Das Weiberdorf; Naturgewalten; Prinzen, Prälaten und Sansculotten; Die goldenen Berge

Meiningen
L. Bechstein: Märchen und Sagen
F. Schiller: Kabale und Liebe
J. Paul: Titan

Mellen
T. Ramsey: Wunderbare Fahrten und Abenteuer der kleinen Dott

Merseburg
J. Jankofsky: Merseburger Ansichten, I - III

Mittweida
E. Loest: Jungen, die übrig blieben

Münster
J. Bergenthal: Münster steckt voller Merkwürdigkeiten
W. Neumann: Münster, Ein Stadtführer
D. Schleiferboom: Exkursion Hamann im Münsterland

Neckargemünd
J. W. v. Goethe: Schweizer Reise (Tagebuch)
H. Hansjakob: Sommerfahrten
M. Twain: Ein Amerikaner in Heidelberg

Neuruppin
T. Fontane: Meine Kinderjahre

Nordhausen
R. Hagelstange: Das Haus oder Balsers Aufstieg; Der Niedergang. Von Balsers Haus zum Käthe-Kollwitz-Haus

Nordhorn
H. Voort (Hrg.): 600 Jahre Kloster Frenswegen

Nürnberg
N. in alten und neuen Reisebeschreibungen
R. Wagner: Die Meistersinger von Nürnberg
N. zu Fuß

Nürtingen
P. Härtling: Das Familienfest, Nürtingen: Markt-straße

Oberstdorf
G. v. Le Fort: Werke
A. M. Miller: Werke

Otterndorf
J. H. Voß: Odyssee (Übersetzung), Die Kirsch-pflückerin, Philemon und Baucis
G. Bastian/R. Mader: Hadeln und Wursten

Passau
Nibelungenlied
G. Britting: Lob der Stadt Passau
H. Carossa: Tag des jungen Arztes
A. Stifter: Witiko

Pegnitz
V. v. Scheffel: Bambergischer Domchorknaben Sängerfahrt (1859)
J. Paul: Palingenesien (1798)

Prenzlau
E. Taege-Röhnisch: En Vogel hett sungen

Rathenow
F. de la M.-Fouqué: Werke
R. Guthjahr: Havelstadt Rathenow

Ratzeburg
E. Barlach: Ein selbsterzähltes Leben
K. J. Dorsch: A. Paul Weber — Handzeichnun-gen und Lithografien
J. v. Falke: Lebenserinnerungen

Renthendorf
A. E. Brehm: Brehms Tierleben

Rottenburg a. N.
L. Uhland: Droben stehet die Kapelle (Gedicht)

Rudolstadt
H. Fallada: Romane
J. u. L. Burghoff: Reisen zu Goethe, Reisen zu Schiller

Rügen (Insel)
E. M. Arndt: Werke
G. Hauptmann: Werke

Sababurg
Brüder Grimm: Dornröschen
E. M. Iba: Sagen aus Nordhessen

Salzwedel
J. F. Danneil: Werke

Schlüchtern
E. Bernstein: U. von Hutten
H. Grimm: U. von Hutten

Schweich
Stefan Andres: Werke
H. Pies/H. Erschens: Der Stefan-Andres-Wander-weg — Ein literarischer Begleiter

Schweinfurt
F. Rückert: Werke

Siegburg
E. Humperdinck: Hänsel und Gretel; Briefe und Tagebücher

Sondershausen
J. K. Wezel: Belphegor, Kakerlak
F. v. Sydow: Thüringen und der Harz

Steinau an der Straße
L. Denecke/K. Schulte Kemminghausen: Die Brü-der Grimm
E. M. Iba: Auf den Spuren der Brüder Grimm von Hanau nach Bremen

Tegernsee
H. Courths-Mahler: Romane
L. Ganghofer: Werke
L. Thoma: Werke

Tirschenreuth
J.W. Goethe: Italienische Reise
F. Schiller: Wallenstein

Trippstadt
T. Heuss: Memoiren
F. Schiller: Der Gang nach dem Eisenhammer

Walsrode
H. Löns: Der letzte Hansbur, Dahinten in der Hei-de, Der Mümmelmann
M. Anger: Hermann Löns

Waren
R. Wossidlo: Mecklenburgische Volksüberliefe-rungen

Weiden
B. M. Baron: Weiden in der Literaturgeographie
E. Ebermayer: Auferstanden
E. Loest: Durch die Erde ein Riß
S. Paretti: Das Echo Deiner Stimme

Weimar
I. u. L. Burghoff: Reisen zu Goethe, Reisen zu Schiller
G. Günter/M. Salzmann: Weimar — Zentrum der Klassik
T. Mann: Lotte im Weimar

Weißenfels
Novalis: Werke
G. Schulz: Novalis

Wiepersdorf
Achim von Arnim: Werke
Bettina von Arnim: Werke

Winsen
J. P. Eckermann: Gespräche mit Goethe...

Wörlitz
Wörlitz-Bezüge in Werken von Forster, Gleim, Goethe, Matthison, Jean Paul u.a.

Wurzen
Ringelnatz: Werke

Wyk auf Föhr
H. C. Andersen: Die zwei Baronessen, Meines Le-bens Märchen
T. Fontane: Mathilde Möhring
E. Kretschmer (Hrg.): Christian Morgenstern

Veranstaltungen von März 1994 bis März 1995

Nähere Informationen bei den Ortsadressen

MÄRZ 1994

Allstedt	Ganzjährig Konzerte in der Schloßkapelle und Burgabende
Augsburg	Bis 27.3.: Heinrich Heine in Augsburg (Veranstaltungsreihe mit Ausstellungen, Lesungen und Vorträgen)
Bad Wildbad	31.3.-5.4.: Prag in der Literatur (mit anschl. Reise nach Prag), Kurhotel Post
Blaubeuren	Blaubeurer Frühstückslesung, Mangold'sche Buchhandlung
Bretten	Bis 6.3.: Kulturtage (Melanchthonpreisverleihung)
Dachau	Bis Mai, Jap. Holzschnitte und Bücher (Sammlung C. Thiemann)
Darmstadt	17.3.: Lesung Wulf Kirsten (Elisabeth-Langgässer-Preisträger 1994), 20.00, Deutsche Akademie für Sprache und Dichtung
Fürth	10.3.-13.3.: 4. Int. Festival des Jiddischen Liedes, Fürth 24.3.-17.4.: Kulturgut »Kunst mit Büchern«
Goslar	Montags, mittwochs und samstags (ganzjährig): »Tausend Schritte durch die Altstadt«, 10.00 ab Tourist-Information
Hameln	9.3. (13.4., 11.5., 8.6., 13.7., 10.8., 14.9., 12.10., 9.11., 14.12.): »Literarische Stunde, jeweils 10.00, Stadtbücherei 22.3. (26.4., 31.5., 28.6., 27.9.): Literatur-Café, 17.00, Gemeindesaal Münsterkirchhof 10
Helmstedt	Zonengrenzmuseum Helmstedt, Dauerausstellung
Hohenstein-E.	Bis 30.3.: Sonderausstellung »Karl Mays Orient«
Magdeburg	«Sonntagsmusiken« jedes 1. Wochenende im Monat, Kloster-Konzerthalle G. P. Telemann
Merseburg	Bis 27.3.: »Mimen mögen Merseburg«, 2. Festwoche des Puppentheaters, Altes Rathaus
Nordhausen	Bis 4.4.: »Lied der Jahre« Gedächtnisausstellung für Rudolf Hagelstange (Meyenburgmuseum)
Ratzeburg	6.3.: Klönsnack an 'n Sündagmorgen, 11.00, Hotel »Der Seehof«
Tegernsee	17.3.: Literatur-Abend, 20.00, Haus des Gastes
Walsrode	18.3.: Musikalische Geschichten für Kinder 15.00, Stadtbücherei
Weimar	1994: Herderjahr (verschiedene Veranstaltungen)
Winsen	10.3. (23.4.): Schloßkonzert, Marstall

APRIL 1994

Bad Wildbad	21.4.-24.4.: Die Lyrik Paul Celans, Kurhotel Post
Biberach	29.4.-12.5.: Literaturwochen zum 25. Geburtstag der Stadtbibliothek
Goslar	Bis Oktober Ausstellung »Ryszard Grzyb«, Mönchehaus-Museum
Hannover	21.-27.4.: »Der Blick über den Tellerrand'«, Austausch zwischen hann. und franz. Autoren, Literatur-Büro 24.4.: Literatur vor Ort, hann. Verlage und Autoren stellen sich vor, Kröpcke-Passage

Merseburg	3. Schülertheaterwerkstatt Sachsen-Anhalt, Schloßgartensalon
Nordhorn	28.4.: Hellsehen und Literatur, (J. Alberts), 20.00 Kornmühle
Otterndorf	9.4.: Otterndorfs Straßen und Häuser um 1900 und jetzt, Dia-vortrag, 15.00, Kranichhaus
Pegnitz	Osterfestspiele in Pflaums Posthotel (Gourmet-Oper »Die He-xen« von D. Askenase usw.)
Ratzeburg	8.4.-8.5.: »Totentanz«, Ausstellungseröffnung A. Paul Weber-Mu-seum, Domhof
Renthendorf	10.4.: Frühjahrswanderung des Förderkreises Brehm e.V.
Sababurg	19.4.: 660 Jahre Sababurg, Jubiläumsveranstaltung Bis 30.4.: Aufführungen im SabaBurgTheater im Gewölbekeller
Walsrode	21.4.: Frühlingsfest in der Stadtbücherei, 19.30
Weimar	29.4.-3.7.: Ausstellung Lyonel Feininger
Winsen	28.4. (23.5.): Schloßkonzert, Marstall
Wörlitz	April bis Oktober »Adelsresidenzen in Polen und Anhalt«, Foto-ausstellung Wörlitzer Park, Sommersaal des Gotischen Hauses
Wyk auf Föhr	2.4.: Eröffnung der Festwoche »175 Jahre Nordseebad Wyk auf Föhr« April bis Oktober »Föhrer Künstler stellen sich vor«

MAI 1994

Angermünde	3.-5.5.: 2. Angermünder Literatursymposium
Augsburg	8.5.-6.6.: Ausstellung »Deutsche Bildhauer der Gegenwart«
Bad Wildbad	11.-15.5.: Literaturseminar »Virginia Woolf«, Kurhotel Post 20.-23.5.: Literaturseminar »Das Hohe Lied«, Kurhotel Post 17.-22.5.: Literaturreise nach London, Kurhotel Post
Biberach	7.5.: Biberacher Musikfrühling
Brakel	Ende Mai - Anf. Sept.: Saison der Freilichtbühne Bökendorf
Dachau	20.5.-10.7.: Ausstellung »Toni Binder«, Gemäldegalerie
Düsseldorf	26.-29.5.: Bücherbummel auf der Kö, Königsallee
Eisenach	7.5.: 241. Wartburgkonzert, 19.30
Görlitz	1.-31.5. Ausstellung »Die Welt der Anne Frank«, Annenkapelle
Goslar	16.-20.: 5. Faszination Mittelalter, Seminar, St. Jakobushaus
Hameln	Mai bis September Rattenfänger-Freilichtspiel, sonntags 12.00
Hannover	21.5.-20.6.: »Reue ist undeutsch«, Ausstellung zu E. M. Remar-ques »Der Funke Leben«
Heiligenstadt	Mai: 4. Heimatfest (Uder)
Kaufbeuren	12.5.-16.5.: Frühlingsfest
Ludwigshafen	4.5., 11.5., 18.5., 25.5.: »Frauen - Länder - Abenteuer«, 20.00, Stadt-bibliothek und Büchergilde 17.5.-17.7.: Ausstellung »Die neue 'Frankfurter Schule' und ihre Folgen«, Stadtmuseum
Merseburg	10.5. und 11.5.: Vortrag und Ausstellung »Verbrannte und verbannte Bücher«, Bibliothek
Münster	27.-29.5 Stadtfest 1994

Nordhorn	30.4.-7.5.: Festwoche »600 Jahre Kloster Frenswegen«
Pegnitz	21.-23.5.: Pfingsten in Pflaums Posthotel Pegnitz (Opern-Premiere »Goethe« usw.)
Ratzeburg	28.5.: Markt Anno Dazumal
Sababurg	1.5. und 23.5.: Konzert im Dornröschenschloß, 17.00
Schweich	11.-15.5.: Studienfahrt der Stefan-Andres-Gesellschaft »Auf den Spuren mitteldeutscher Dichter« nach Wolfenbüttel, Güstrow, Neubrandenburg, Stavenhagen und Eisleben«
Schweinfurt	7.5.: Jahresmitgliederversammlung der Rückert-Gesellschaft in Hildburghausen
	15.5.: Rückert-Wanderung, 8.00
Weiden	2.-8.5.: Weidener Literaturtage »Wo bleibt der Humor?«
Winsen	4.5.: Kinderoper »Gretel und Hänsel«, Stadthalle
Wörlitz	Mai bis Oktober Ausstellung »Das Gartenreich an Mulde und Elbe«, Landschaftspark Wörlitz, Galerie am Grauen Haus
	22.5.-7.8., sonntags 15.00 Sommermusik, St.-Petri-Kirche
Wyk auf Föhr	8.-15.5.: Johann-Strauß-Woche

JUNI 1994

Ansbach	Juni bis September »Fränkischer Sommer«
Bad Wildbad	1.-5.6.: Literaturseminar »William Shakespeare«, Kurhotel Post
	22.-26.6.: Literaturseminar »M. Frisch - Stiller«, Kurhotel Post
Bamberg	2.-5.6.: Tage der Alten Musik (Ehem. Dominikanerbibliothek, Kaisersaal der Neuen Residenz und St.-Martins-Kirche)
	25., 26., 29., 30.6.: Freilichtaufführung »Wie es Euch gefällt« von W. Shakespeare, Alte Hofhaltung, 20.30
	Juni bis Juli »Tschechische Woche«, Einakter »Audienz« und »Protest« von V. Havel
Blaubeuren	3.-5.6.: Kunsttage auf den Bleichwiesen
Düsseldorf	2.-16.6.: Schumannfest (versch. Veranstaltungsorte)
	Juni bis September 100 Meisterwerke des Guggenheim-Museums New York, Kunstmuseum, Ehrenhof
Eisenach	4.6.: 242. Wartburgkonzert
Eisleben	3.-5.6.: Stadtfest und 1000 Jahre Markt-, Münz- und Zollrecht
Hannover	5.6.: Stadtrundgang »Hannover literarisch«, 11.00
Kaufbeuren	4.6.: Stadtfest (AAK)
Münster	4.-12.6.: Barockfest (Erbdrostenhof u.a. Konzertsäle)
Nordhausen	20.-26.6.: Festwoche im Europadorf Auleben anl. der 1175-jährigen Ersterwähnung
Otterndorf	23.6.: »Mecklenburgs Großherzöge«, Vortrag v. J. Borchert, Kranichhaus 19.30
Ratzeburg	16.6.-1.9.: Ausstellungseröffnung »A. Paul Weber und A. C. Toepfer«, A. Paul Weber-Museum
Sababurg	Ab 1.6.-31.8.: »Sommer in Sababurg« - Theateraufführungen und Konzerte
Sondershausen	16.-19.6 Wezeltage 1994, im Schloß, Liebhabertheater und Achteckhaus

Steinau a.d.Str.	3.-5.6.: X. Int. Brüder-Grimm-Lauf
Tegernsee	6.6.: Literatur-Abend, 20.00, Haus des Gastes
Trippstadt	11.6.: Wilensteiner Burgkonzerte
Weimar	24.6.-31.7.: Kunstfest Weimar

JULI 1994

Allstedt	3. u. 24.7.: Konzerte »Thüringer Orgelsommer«, 16.00, Schloßkapelle
Ansbach	1.-6.7.: Ansbacher Rokokospiele 28.7.-12.9.: Sommer in Ansbach
Augsburg	27.7.-2.10.: Italienische Barockmalerei, Schaezlerpalais
Bad Segeberg	2.7.-28.8.: Karl-May-Spiele 1994
Bad Wildbad	11.-15.7.: St. Petersburg in der Literatur, Kurhotel Post 25.-29.7.: Descartes: Methodendiskurs, Kurhotel Post
Bamberg	1., 2., 3., 5., 6., 7., 8., 12., 13., 14., 15., 16.7.: Freilichtaufführung »Wie es Euch gefällt« von W. Shakespeare, Alte Hofhaltung, 20.30
Blaubeuren	17.7.: Blautopffest am Blautopf
Bretten	1.-4.7.: Peter-und-Paul-Fest
Dachau	14.7.-4.9.: »Verlorene Landschaft« (Das Dachauer Moos), Bezirksmuseum Dachau
Detmold	28. u. 30.7.: »Detmolder Sommerbühne '94«, 20.00 Marktplatz
Hannover	31.7.: Stadtrundgang »Hannover literarisch, 11.00
Kaufbeuren	15.-25.7.: Tänzelfest
Merseburg	1.-3.7.: 26. Merseburger Schloßfestspiele
Oberstdorf	21.7.-14.8.: 2. Oberstdorfer Musiksommer '94 Kurhaus/Kirchen
Pegnitz	25.7.-28.8.: Bayreuther Festspiele (Bayreuth)
Rottenburg	2. u. 3.7.: Rottenburger Neckarfest
Sababurg	»Sommer in Sababurg« Theateraufführungen und Konzerte
Tegernsee	Mitte Juli bis Mitte September Kunstausstellung 19.7.: Literatur-Abend, Haus des Gastes, 20.00
Walsrode	5.7.-9.8.: Bilderausstellung zum 10-jährigen Jubiläum der Ausstellungen in der Bürgerhalle
Weimar	17.7.-30.7.: XXXV. Internationales Musikseminar der Hochschule für Musik »Franz Liszt« 2.-9.7.: 2. Dornburger Impressionen
Weißenfels	1.-3.7.: 3. Schloßfest

AUGUST 1994

Angermünde	29.8.: Verleihung des Ehm Welk-Stipendiums an Jugendliche
Augsburg	26.8.-10.9.: Augsburger Mozartsommer
Bad Wildbad	9.-13.8.: Der Schriftsteller Ernst Barlach, Kurhotel Post 14.-20.8.: Literaturreise nach Mecklenburg-Vorpommern
Darmstadt	12.8.-11.9.: »Hommage à Gropius«
Detmold	2., 5., 11.8.: »Detmolder Sommerbühne '94«, Marktplatz 26.-28.8.: 3. Int. Straßentheaterfestival, Innenstadt
Eisenach	13.8.: Wartburgkonzert des MDR, 20.15
Hannover	7.8.: Stadtrundgang »Hannover literarisch«, 11.00 August: Kinder und Literatur

Köthen	August bis Oktober Ausstellung »Das Museum seit der Wende«, Hist. Museum Köthen
Ludwigshafen	2.8.-18.9.: Ausstellung »Buch und Kunst«, Stadtmuseum
Oberstdorf	3.8.: Oper-air-Konzert, 17.00 Kurhaus
Rottenburg	27. u. 28.8.: 750-jähriges Jubiläum Stadtteil Weiler
Sababurg	Bis 31.8.: »Sommer in Sababurg«, Theater und Konzerte
Schweich	27./28.8.: Studienfahrt nach Nackenheim (C. Zuckmayer)
Steinau a.d.Str.	12.-20.8.: Dritte Int. Brüder-Grimm-Musiktage, Katharinenkirche
Trippstadt	6.8.: Wilensteiner Burgkonzerte
Weimar	26.-28.8.: 245. Geburtstag Goethes (Weinfest)
	20.-28.8.: Europäische Kulturwerkstatt, Sommerakademie
Wyk auf Föhr	1.-31.8.: Rund um H. C. Andersen (Puppentheater etc.)

SEPTEMBER 1994

Augsburg	Bis 11.9.: Brecht-Ausstellung »Flüchtlingsgespräche«, Brecht-Haus
Bad Wildbad	30.9.-3.10.: Orpheus - Urbild des Dichters, Kurhotel Post
Darmstadt	25.9.-7.11.: Art Brasil, Ausstellungsgebäude Mathildenhöhe
Detmold	24.-25.9.: 3. Int. Chorfestival Detmold, Hochschule für Musik
Düsseldorf	Sept./Okt.: 4. Düsseldorfer Altstadtherbst
Eisenach	3.9.: Wartburgkonzert des MDR, 20.15
Eisleben	16.-19.9.: Wiesenmarkt
Fürth	22.9.-24.9.: 5 Jahre Kulturforum, Schlachthof
Görlitz	Dom Kultur: Dokumentationsausstellung Jacob Böhme = Jacub Bohm?
Hannover	4.9.: Stadtrundgang »Hannover literarisch«, 11.00
	Sept./Okt.: Kunst-Literatur-Kunst (Kooperation mit Sprengel-Museum)
Husum	9.-11.11.: Tagung der Stormgesellschaft
Ludwigshafen	25.9.: Vergabe des Ernst-Bloch-Preises
Manderscheid	3., 4., 11., 18., 25.9.: Orgelkonzerte im Rahmen des Kultursommers Rheinland-Pfalz, Abteikirche Himmerod
Renthendorf	10./11.9.: Brehm-Forschertreffen mit Vereinsabend des Förderkreises
Sababurg	11.9.: »Tag des offenen Denkmals 1994«
Siegburg	1.9.-11.9.: Engelbert-Humperdinck-Musikfest
Tegernsee	22.9.-2.10.: Tegernseer Woche / 20.9.: Literatur-Abend, 20.00
Walsrode	27.9.-1.11.: Ausstellung »Siegfried Bojarra«, Federzeichnungen, Druckgraphiken und Aquarelle, Bürgerhalle des Rathauses
Weimar	9.9.-13.11.: Ausstellung: Das frühe Bauhaus und J. Itten

OKTOBER 1994

Bad Wildbad	10.-14.10.: HAIKU — Das japanische Gedicht, Kurhotel Post
	26.-30.10.: Friedrich Schiller, Kurhotel Post
	31.10.-4.11.: Tanz in der Philosophie F. Nietzsches, Kurhotel Post
Biberach	14.10.: Schriftstellerlesung, Biberacher Rathaus
Frankfurt/O.	14.-30.10.: Internationale Kleist-Festtage
Hameln	14.10.-20.11.: Herbst-Ausstellung, künstlergruppe arche e.V.
Hannover	7.-20.10.: Jugendbuchwoche
	Oktober: Literaturforum Hannover 1994, 8 Veranstaltungen Eisfabrik